中国数字经济与数字化转型发展

杜国臣 李 凯 著

图书在版编目(CIP)数据

中国数字经济与数字化转型发展 / 杜国臣,李凯著. -- 北京：中国商务出版社, 2021.10（2023.1重印）
ISBN 978-7-5103-4053-6

Ⅰ. ①中⋯ Ⅱ. ①杜⋯ ②李⋯ Ⅲ. ①信息经济—经济发展—研究—中国 Ⅳ. ① F492

中国版本图书馆 CIP 数据核字 (2021) 第 209267 号

中国数字经济与数字化转型发展
ZHONGGUO SHUZI JINGJI YU SHUZIHUA ZHUANXING FAZHAN
杜国臣　李　凯　著

出版发行	中国商务出版社
社　　址	北京市东城区安定门外大街东后巷 28 号　邮政编码：100710
网　　址	http://www.cctpress.com
电　　话	010-64212247（总编室）　010-64515163（事业部）
	010-64208388（发行部）　010-64255862（直　销）
印　　刷	三河市明华印务有限公司
开　　本	710 毫米 × 1000 毫米　1/16
印　　张	12.5
版　　次	2021 年 12 月第 1 版　　印　次：2023 年 1 月第 2 次印刷
字　　数	165 千字　　　　　　　　定　价：78.00 元

版权所有　侵权必究　盗版侵权举报可发邮件至 cctp@cctpress.com

购买本社图书如有印装质量问题，请与本社印制部（电话：010-64248236）联系

目 录

第1章 数字经济产业链分析 ... 1
- 1.1 数字经济产业链全景图 ... 2
- 1.2 数字经济产业链基础层结构分析 ... 6
- 1.3 数字经济产业链平台层结构分析 ... 11
- 1.4 数字经济产业链应用层结构分析 ... 17

第2章 数字化产业发展进程分析 ... 31
- 2.1 电子信息制造业 ... 32
- 2.2 电信行业 ... 36
- 2.3 软件和信息服务业 ... 40
- 2.4 互联网产业 ... 43
- 2.5 新媒体产业 ... 47

第3章 传统产业数字化转型发展分析 ... 51
- 3.1 传统产业数字化发展综况 ... 52
- 3.2 农业数字化转型发展分析 ... 58
- 3.3 制造业数字化转型发展分析 ... 61
- 3.4 服务业数字化转型发展分析 ... 67

第4章 数字经济融合应用 ... 71
- 4.1 数字经济与实体经济融合 ... 72
- 4.2 共享经济 ... 76
- 4.3 平台经济 ... 79

4.4 工业互联……………………………………………………82

第5章 数字经济与产业集群……………………………87
5.1 数字经济产业集群的界定及作用机制……………………88
5.2 数字经济产业集群的规模及现状…………………………89
5.3 数字经济重点产业集群案例………………………………96

第6章 数字经济与企业管理的重构…………………101
6.1 重构物质资本和知识资本的关系…………………………102
6.2 重构企业与市场的关系……………………………………105
6.3 重构企业与用户的关系……………………………………110
6.4 重构企业与员工的关系……………………………………114
6.5 重构领导与员工的关系……………………………………115

第7章 数字经济与消费数字化转型…………………117
7.1 传统消费向数字化消费的转型……………………………118
7.2 消费变革的发展态势………………………………………118
7.3 数字化转型消费变革的特征………………………………119
7.4 新冠肺炎疫情对数字经济消费的影响及对策……………121

第8章 数字经济与贸易新业态………………………125
8.1 发展高端数字化贸易业态的必要性………………………126
8.2 跨境电子商务………………………………………………128
8.3 大数据交易…………………………………………………135
8.4 数字内容……………………………………………………140
8.5 数据中心……………………………………………………145
8.6 发展高端数字化贸易业态的着力点………………………149

第9章 数字经济与投资新趋势………………………151
9.1 国际直接投资现状…………………………………………154

9.2 国际直接投资现状——微观视角 ················· 165

第10章 数字经济治理体系 ················· 173
10.1 数字经济治理的缘由 ················· 174
10.2 数字经济国际规则制定 ················· 181
10.3 数字经济相关法律法规 ················· 183
10.4 数字经济时代的伦理道德 ················· 185

参考文献 ················· 187

第 1 章

数字经济产业链分析

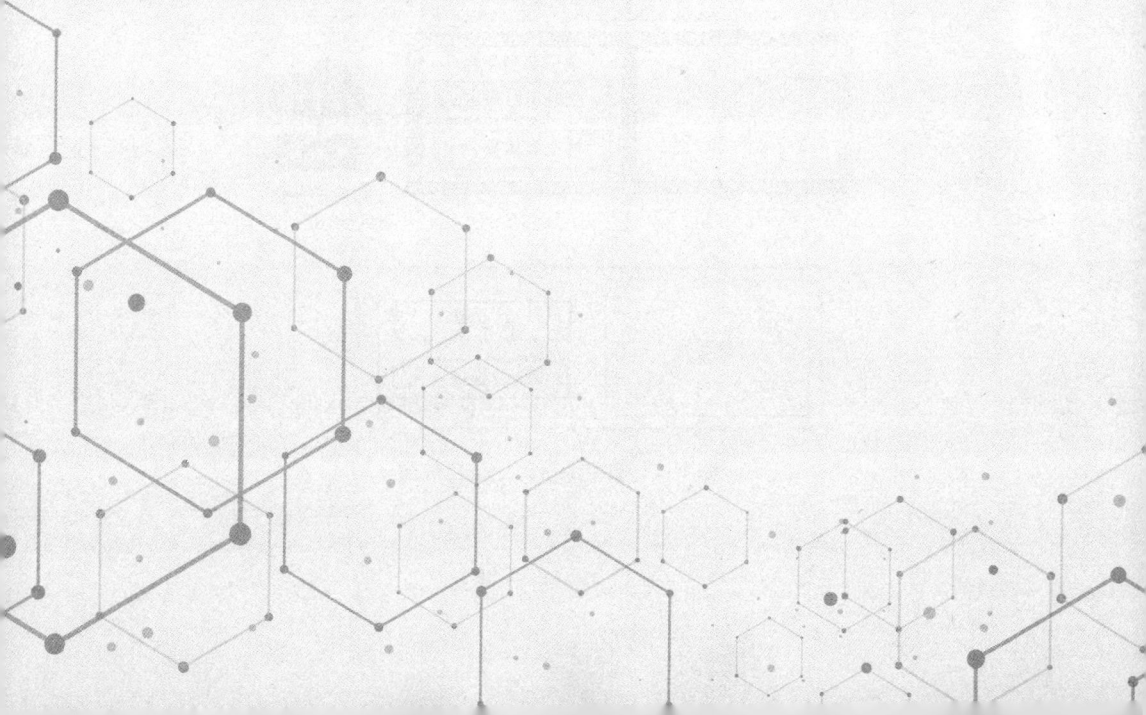

1.1 数字经济产业链全景图

数字经济产业链有三层架构，分别是基础层、平台层、应用层构成。其中，基础层是数字经济产业的基础，主要是新型基础设施建设，如第五代移动通信技术、物联网、云计算等，以及传统基础设施的数字化，为数字经济提供信息基础和物理基础支撑；平台层是数字经济产业的核心，平台层的基本功能是"连接"，连接了终端消费者与产业消费者，把握了整个产业链的核心；应用层是数字经济产业的延伸，面向特定应用场景需求而形成解决方案。

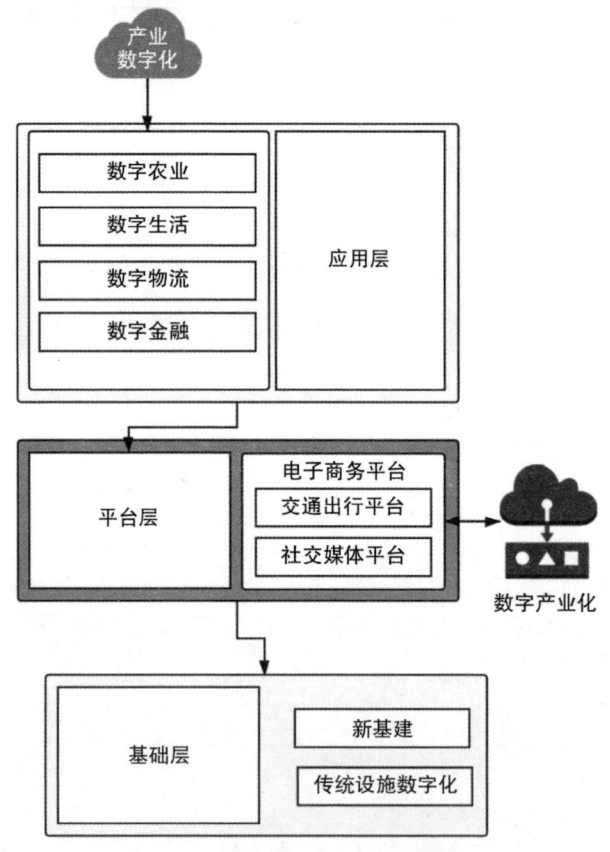

图1-1　数字经济产业链全景图

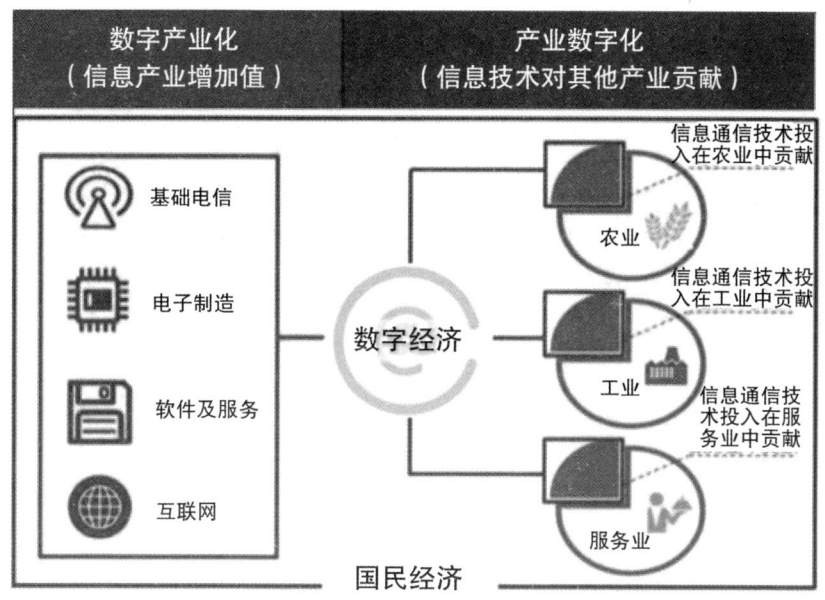

图1-2 数字经济的构成

1.1.1 数字经济产业链的构成

1.1.1.1 基础层

数字经济产业链的第一层架构是基础层。基础层包括新一代基础设施建设以及传统基础设施的数字化改造。

新一代的基础设施建设包括5G基站建设等。目前来看,5G的建设不仅更适合传输爆炸增长的信息量,从而解决城市部分人口聚集区网络拥堵的问题,还能在通信市场上满足对信息服务需求较高的部分群体。

基础层要在进行新型基础设施建设的同时平衡好对原有的旧设施升级改造的工作,使二者能够在不冲突的情况下同时运转,也可以尝试新旧结合,能够直接升级使用的可以不使用更高的成本来建设新的设施。以物联网建设为例,在监控摄像头可用的情况下,可以不用考虑加装新型智能摄像头的方案,在原有"天眼"网络的基础上,加装智能芯片,升级为"智能天眼"网络。

1.1.1.2 平台层

数字经济产业链的第二层架构是平台层。数字经济的平台层搭建在基础层与应用层之间，也是数字经济产业的核心。平台层的结构是由不同行业的平台搭建而成。

数字经济平台既是企业，也是一个小型的市场。数字经济平台以企业的方式运营，同时为更广大的生产者和消费者提供沟通交流、交易的平台，具有了市场的功能。数字经济平台兼具企业和市场功能的优势是沟通更加便捷，运营效率更高。

数字经济平台涉及范围广，沟通用户多。数字经济平台上，既有市场上主要的企业和消费者，又有政府部门、各行业组织等其他市场主体。平台的优势就是将各主体的供求进行匹配，把信息在各组织之间进行传递，帮助打破各主体之间的信息壁垒，提升运行效率。

1.1.1.3 应用层

数字经济产业链的第三层架构是应用层。数字经济在生活、物流、农业、金融等不同场景均有所融合应用。随着科技的发展和消费者对高品质服务的需求日益增长，数字经济的应应用范围不断扩大，如物联网、智能驾驶、无人商店等等。智能化和经济社会的融合，也推动着数字经济技术不断向前突破。

在数字经济应用范围不断扩大和技术的不断革新过程中，一系列新兴的经济模式也随之产生。平台经济使人们的生活更加便捷，如美团、饿了么等外卖平台让消费者不仅能够足不出户享受到餐饮服务，而且相比之前有了更大的选择空间。共享经济提高了资源的利用率，如共享充电宝产业，充电宝的生产和报废都需要花费大量的自然资源和社会资源，还有污染环境的可能，共享充电宝极大地提高了资源利用率，降低了能源浪费。智能经济提升了社会的运行效率，也会让社会更加有秩序。

1.1.2 数字产业化

1.1.2.1 数字产业化概念

数字产业化,指的是将人工智能技术、第五代移动通信技术、高精尖芯片等快速发展的新兴信息技术通过市场转化形成新产业,给数字经济发展打造基础、提供动力,因此也被称为信息产业。

数字产业化的本质是以商业化模式运营信息、知识、数据等虚拟要素,使之成为经济中的生产要素,进一步创造经济效益,最终打造形成产业链。

1.1.2.2 数字产业化的规模

根据相关数据,数字产业化的规模相较于其他产业较小,如2018年我国数字产业化规模达到6.4万亿元,仅占国内生产总值的7.1%,不到一成;在数字经济规模中也仅占到了五分之一。但是规模的增长速度很快。

1.1.3 产业数字化

1.1.3.1 产业数字化概念

产业数字化是企业依托现代信息科学技术,对传统产业开展数字化转型升级,以提能增效,向高质量发展转变的过程。

产业数字化可以从微观、中观和宏观三个视角解读,微观上对传统企业进行改造升级,给企业带来新的发展机会和运营模式,提升企业效率;从中观视角来看,对产业链上下游的全部要素进行数字化转型升级,降低成本,提升产业链效率;从宏观视角看,通过对传统产业的改造升级,在市场上催生出新的业态和模式,如大数据产业、人工智能等,推动国民经济向高质量发展转型。

1.1.3.2 产业数字化规模

产业数字化规模近十年内持续增长。2018年产业数字化部分规模为25万亿元，同比名义增长23.1%。增速为同年国内生产总值增速的3倍多，连续十年增长。

产业数字化占数字经济比重远高于数字产业化。产业数字化部分占数字经济比重为79.51%，远高于数字产业化的19.8%，这是判断数字经济是否繁荣的重要依据。

产业数字化占国内生产总值的比重也来越大。2008年至2018年，中国产业数字化部分占国内生产总值比重从8.8%提升至27.6%，增长十分迅速，也表明我国各产业都在信息技术的刺激之下开始了转型升级之路。

产业数字化对数字经济增长的贡献度高。产业数字化对数字经济增长的贡献度高达86.4%。

这些数据表明了我国产业数字化近十年来在不断取得进展，数字经济对提升实体经济的发展质量起到了十分关键的作用。

1.2 数字经济产业链基础层结构分析

信息基础设施建设和对物理基础设施的数字化改造共同构成了数字经济产业链的基础层，共同为数字经济发展提供了必要的基础条件。信息基础设施建设就是国家号召的"新基建"内容之一。

"新基建"第一方面新在技术。在进行新型的基础设施建设时，新技术层出不穷，为我国在有限时间内高质量完成建设目标起到了功不可没的作用。第二方面新在内容。不同于以往的水利设施、高铁、机场等基建内容，而是建设通信设施、物联网、智算设施等。第三方面新在理念。好钢要用在刀刃上，投资的方向逐渐转向有更大收益的或者有较大潜能的项目设施上，资本回报率更高，投资更加有效。而这些建设也能为中国在下一轮技术革命中争得先机。

1.2.1 新一代基础设施建设

建设 5G 等新一代基础设施.为经济的发展,提供了必要的基础条件。

首先,从产业层面说,"新基建"一方面对新兴产业来说是发展甚至是存在的基础,例如 5G 等通信设施的建设,给互联网平台提升信息运输能力和投放更多内容提供了基础;另一方面对传统产业来说也是转型升级的推动力。例如,5G 的建设给内容创作平台推荐更高清、时长更长、内容更丰富的内容提供了基础,有助于这一类平台凭借"新基建"打造更优质的服务。

第二,从社会层面来说,"新基建"给智能社会提供了保障,直接服务于智慧城市、智慧生活等的建设,极大地方便了居民的日常生活。例如,智能家居包括冰箱、空调、安全设施等的建设就依赖于数据传输的能力,"新基建"能够使居民更好地控制智能家居,提升生活质量。

第三,从国家层面来说,新基建具有技术密集、环保节能等特点,不仅为国家节约了土地资源,还有助于生态环境的保护。

"新基建"是实现我国数字经济战略能够落到实处的重要前提,是服务于我国数字经济向更高层次、更大规模、更深渗透发展的重要基础,是我国打造"数字中国",在国际上处于领先地位的重要保障。

1.2.1.1 新基建——5G

5G 指的是第五代移动通信技术,也叫通信系统。区别于第四代通信系统,也就是 4G,5G 不是简单的"4G+1G",它实现移动数据传输的方法跟 4G 可以说完全不同,因此也需要建设新的基站。

4G 已经不能满足市场需求。催生 5G 的主要因素就是移动互联网的发展。冰箱、洗衣机、摄像头、汽车等越来越多的设备随着移动终端的普及接入到移动互联网之中,导致移动数据的需求呈千百倍的增长,全球移动互联网的使用终端在 2018 年达到了 90 亿左右,预计未来需要的网络容量要比现在高一千倍。

5G对国家乃至世界来说都非常重要。21世纪是信息的时代，而5G的网络将成为新世纪一段时间内信息流通的主要渠道。无论是生产制造业，还是金融信息的传递，以及居民日常生活所需要的信息，都会沿着5G网络流动。5G的基础设施建设将成为社会运转的新基石和国家进步的加速器。

1.2.1.2 新基建——物联网

无论是"产业数字化"还是"数字产业化"，这两个新兴的经济活动核心词就是"数字"和"产业"，对应在社会中就是"网络世界"和"现实世界"。"网络世界"也可以说是"数字世界"，它与"现实世界"构建起的联系，就是物联网。

物联网是沟通联系两个世界的纽带。这分为两个方面，一方面是利用数字世界的数据算法，来控制现实世界中各种物理终端的行为，也就是操控设备；另一方面是通过大量的移动或固定终端去感知周围的环境、人、事，并把其转化为数据，然后把这些巨量数据映射到数字空间中去，帮助计算和优化。

物联网的建设存在困难。物联网是无数个设备的网络化连接，而不是一个或几个简单的技术和设备。从物联网体系的角度来说，物联网在设备和数字联系的过程中，在跟数字经济各行业融合发展的过程中，逐渐形成了一个非常复杂的生态。安装一个设备容易，但是要想建设好一个生态是非常困难的。

物联网的建设需要顶层设计和各方面的共同努力。物联网不是单纯的技术问题，因为它是互联网技术和各行各业的互相融合，这就至少涉及了两个行业，一个是互联网，一个是涉及的行业。而且既然要建成物联网，肯定需要各行各业的参与，根据系统工程的原理，协调多部门、多领域共同工作必须有科学的顶层设计和明晰的分工。

图1-3 物联网示意图

首先是政府部门。在我国，大型项目的进行必须由政府部门牵头。物联网是我国五大战略性新兴产业之一，是未来经济新的增长点。我国政府高度重视物联网的建设，"在各种工作报告、发展规划中多次提及，也为之设计了相应的法律法规和支持其发展的政策方针。

各行各业，各领域各组织积极参与。从组织层面说，物联网建设需要互联网企业、通信企业、机械制造和加工企业、电力企业等企业的参与，需要各行业协会的参与，需要各学术科研机构参与。从产业层面说，电信、交通等各产业链体系内的主体都包含在内。从区域层面说，东西部地区携手并建，各省份各地方需要加强合作。

1.2.1.3 新基建——云计算

云计算技术目前来看已经成为我国数字经济发展的重要支撑。云计算技术是备受商界关注的技术，不同于很多无法产业化的技术，云计算最初就是在商业需求的驱动下产生的。在信息时代，我国为了经济的高质量发展，需要使用信息技术变革商业领域，加快经济转型。

中国的云计算技术发展迅速。阿里云智能是中国云计算发展的代表企业，在云计算技术与各产业的融合中，逐渐改变着人们的生活。另外，云计算强大的数据处理能力也改变着企业的生产方式。在对大量数据进行分析的基础上，企业可以局部实现最优的资源配置。服务企业可以通过数据和云计算技术分析消费者的个性化需求，进行针对性生产、个性化定制，节约了成本，提升了服务质量。

图1-4　云计算示意图

1.2.2 传统基础设施的数字化改造

在各产业领域进行数字化转型升级的过程中，很重要的一个环节是对传统设施进行改造升级。在资源有限的情况下，又不得不满足产业升级的需要，新旧设施融合发展是实现目的的重要途径。

1.2.3 国内外基础设施现状分析

"新基建"需要应用的技术多，涉及的学科多，覆盖的领域广，而各个国家的国情不同、经济实力有差距、技术水平参差不齐，所以建设程度也有很大区别。比如5G基站建设，中日韩三国位于第一梯队，而且韩国还是最早进行5G商用的国家；人工智能技术的发展首推美国，美国人工智能技术起步早，而且有成系统的发展规划，在世界上处于领先地位，我国正在奋起直追；大数据技术是计算机科学和数据科学的基础，欧盟和美国的数据技术更加国家化，为全球提供数据服务，而中国则更多地将技术应用在国内。

从世界范围看，各国都在新技术新设施上发力，背后既有国家力量，也有资本驱动。我国的技术起步晚，但是在国家支持和资本注入下正奋起直追。

1.3 数字经济产业链平台层结构分析

数字经济是一个涵盖范围大、涉及领域广、参与主体多的系统。数字经济的主体定位一直不够明晰，但是根据目前情况来看，平台在数字经济的信息流通和资源调配中发挥着核心的作用。

平台是数字经济的主体。平台在市场上为供给方和需求方双方提供信息流通的渠道，让他们基于平台进行交流。在资源配置中提供新型的配置方式。由平台为基础的数字经济正深刻地改变着经济结构和产业格局，为社会发展提供动力。

平台是信息的纽带。信息不仅是市场上供需双方做出决策的依据，也是一种重要的资产。平台不仅为双方信息来往提升效率，也利用这些信息资源转化为经济效益和竞争优势。

平台正在重塑经济结构。平台除了服务于市场上现有的供给者和需求者之外，还会创造新的需求。例如，在美团平台出现之前，我们并不是很需要通过外卖购买药品；在快手出现之前，消费者也没有看别人生活的需求。平台为我国供给侧结构性改革和工业向服务业转型的方面发挥了重要作用。

在互联网平台发展到今天，各行业的企业也越来越重视平台的建设。企业会把原本竞争中的条件如技术、产品等放在平台上，把单个优势的竞争转化为平台层面的竞争。所以说数字经济的平台层搭建在基础层与应用层之间，平台层的结构是由不同行业的平台搭建而成。

1.3.1 电商平台

电子商务是数字经济的重要组成部分。电子商务的核心内涵是数字及数字化服务。怎样发展数字经济？电子商务就是最重要的抓手，也是数字经济发展的牵引者。电子商务平台更是数字经济平台层重要的组成。

1.3.1.1 电商平台的内容

电子商务依托于平台展开，为市场上各种各样的主体提供网上商务交易的空间。电子商务平台虽然是网络上虚拟的平台，但是在提供服务的过程中也要担负起保障商务运营的责任，以及监管的责任。企业、商家可充分利用电子商务平台居于网络基础设施提供的各式各样的支付平台、安全平台、管理平台等，共享网络资源，从而在控制成本的情况下高效地开展自己的商业活动。

电子商务平台的出现改变了许多传统企业的经营模式。企业发展从实地开展开始转向依托电子商务平台开展，电子商务平台和传统企业也逐渐走向融合。

电子商务平台的发展也在一定程度上影响了企业的采购模式。原本大型企业的供货商是不会通过电子平台进行交易的，但是在电商领域扩展的今天，很多钢铁、化工等大型企业开始探索新兴的原材料采购渠道，拥有了更强的议价能力，不仅可以在更多平台上挑选合适的材料，也可以降低自身的经营成本，可以说，企业发展模式因电子商务平台而得到了革新。

1.3.1.2 电商平台的代表企业

1. 天猫商城

天猫是从淘宝中分离出来的，但与淘宝有不同的经营模式。天猫不为个人提供销售货品的平台，而是专为大品牌、大企业提供一个销售的平台，质量得到了保障。所以即使在淘宝品类繁多、价格实惠的优势下，天猫还是因100%正品的优势吸引了大批专注购物质量与体验的消费者，逐渐成为国内最有影响力的电商平台之一。

2. 淘宝

虽然没有天猫的产品保证，但是淘宝依旧是我国目前当之无愧的电商平台巨头。虽然充斥着残次品、刷单、控评等指责，但在淘宝拥有的巨大的客户基数和充裕的资金依然使淘宝拥有强大的生命力。

3. 京东商城

2004年，京东开始涉足电商。从那时以来，京东商城一直以来是我国电商界的佼佼者，尽管在淘宝、天猫、拼多多等市场竞争者给予了较大的压力，但是其纯电子商务的运营模式、极少的中间环节、自营的实惠价格、强大的自建仓储物流等特色优势帮助京东在市场上保持竞争优势。

4. 拼多多

拼多多不同于其他电商品牌的核心是"拼团"这种崭新的运营模式。"拼团"的意思是用户通过和朋友、家人、邻居等周围人群的组队，可以以低于原商品的价格，拼团购买该商品。旨在通过用户之间的推荐，吸引到更多的流量和关注。尽管低价带来的商品谈不上优质，但是拼团者会体会到心理上的实惠和满足。

1.3.2 社交媒体平台

随着社会的发展，人们的物质生活愈加丰富，精神需求逐渐增加，因此社交越来越成为当代人关心的话题。

社交媒体越来越受到人们的重视和喜爱。社交媒体依托智能移动终端,为用户提供交流沟通、阅读、娱乐等服务,不仅改变了人们的生活和娱乐方式,甚至改变着人们的思维。目前,每天有约十亿人使用社交媒体,有社交网络、社交商务、社交娱乐等,这些都是当今最热门的话题,社交媒体正在与人们的日常生活产生深度融合。

社交媒体在拉动新形式的创新创业方面起到了重要作用。创业方面,新出现的互联网营销师职业,就是依托于直播平台进行带货的新兴就业群体,公众号等自媒体也带动了一大批职业创作者,短视频平台也给有志于从事内容创作的人提供了就业机会。创新方面,新媒体为政府机关、企业等惯于使用传统纸媒的主体提供了发布信息、普及知识、宣传自身的新渠道;也推动着以人民日报为代表的传统媒体行业的转型升级。

1.3.2.1 社交媒体平台的内容

社交媒体是生活在不同地区的人们发表观点、与各部门各企业进行沟通联络,输出观点的平台。社交媒体平台经历了很多变迁,现阶段主要包括通信软件、短视频、公众交流平台等。移动互联网是促进社交媒体发展的重要推动力,其打造出了许多具有不小规模的重要社交平台,人们在这些平台上获得自己需要的信息。

当下社交媒体平台发展有以下三种趋势:

平台持续增加

随着信息的多样性,传输信息的承载量越来越大。人们已经不满足于简单的文字信息获取。传统纸媒不能满足人们的信息获取需求。短视频、音乐、图片等等信息形式催生了抖音、快手、网易云音乐等不同类型的社交媒体软件的出现,但仍难以满足不同消费者的需求,所以不同类型的社交媒体平台还在持续增加。

内容更加多元

不同于纸媒称霸的时代，人们再也不是只能被动地接收信息了。媒体平台数量爆炸增长，大众消费者在市场上有了更大的选择空间。自由创作者也越来越多，自媒体的内容数量远高于官方媒体，在这种市场机制下，平台输出的内容优胜劣汰，消费者需求日益增长，就迫使内容生产者不得不创作更加多元的内容。

专业更加分化

各行各业的消费者都能使用这些媒体平台。他们都愿意在平台上表达个人观点，寻求共鸣；或者发布一些专业问题，寻求帮助。所以在这种情况的筛选下，专业人员的解答会获得更多的青睐。

1.3.2.2 代表性社交媒体平台

1. 微信

微信是目前拥有使用人数最多、日均活跃用户最多的社交媒体平台。其功能主要有三项，一是即时通信。用户可以与好友随时随地使用微信进行文字、语音或视频进行沟通。二是朋友圈，使用者可以与朋友分享自己的日常生活和个人状态，达到沟通感情的目的。三是公众号新媒体。既有官方推送的最新消息，也有个人自媒体输出的内容和观点。

2. 微博

微博是一个公共信息传播平台，不像微信基于熟人关系，也不依赖于用户之间的互相推荐吸引流量，而是依靠明星、网红等娱乐人物自带的粉丝群体和基于兴趣爱好的用户产生流量。

3. 抖音

抖音是一个短视频平台，功能界面简单，主要依靠视频内容的生产吸引用户和流量，私信功能扩大了社交可能，视频带货模式和直播模式成为其盈利的重要渠道。

4. 豆瓣

豆瓣是一个以娱乐互动为核心，兴趣社交为手段的特殊社交平台，以书影音的评价、交流分享为主要内容，结合推荐、同城、同类等运营模式，为有特殊需求的消费者提供平台服务。

1.3.3 共享出行平台

过去的出行分为两种，私家交通工具或者公共交通工具。个人可以购买小汽车、自行车、电动车等交通工具出行，或者选择铁路、航空等需要投入大量资金建设的公共交通。私人交通需要个人投入资金，但是使用率可能并不高，公共交通适用于远途出行。

公共交通更有利于资源的充分利用。随着人口的不断扩大和公共资源的日益紧缩，短途私人出行使用私人交通工具变得越来越不划算。而在数字经济发展的大背景下，"共享"经济成为缓解资源短缺、提高资源利用率的重要手段。共享出行平台也就获得了政府的支持和消费者的喜爱。

1.3.3.1 共享出行平台的概念

图 1-5 共享出行模式

共享出行，顾名思义，是指消费者花费较少的资金，他们之间共同享有出行资源，都不拥有车辆等交通资源所有权的一种出行模式。

1.3.3.2 共享出行平台的代表企业

1. 滴滴出行

提到共享出行平台，就绕不开排在市场第一位的滴滴。滴滴最早在2015年推出了网约车服务，现在已经是包括私家车、出租车、顺风车甚至货车在内的多业务共享出行平台。

2. 曹操出行

曹操出行原本主要是为了运营吉利集团旗下的纯电动车型帝豪EV品牌，后来逐步升级为以该品牌为主要运营车辆的平台。

3. 开开出行

我国制造车企的龙头——一汽于2018年推出"开开出行"，不运营网约车，只提供分时长汽车的租赁业务。

4. 华夏出行

2017年北汽推出了华夏出行，在之后的运营中，华夏出行不同于其他平台的是，除了网约车之外，又增加了提供整车的租赁服务。用运营共享单车的模式运营共享汽车租赁。

1.4 数字经济产业链应用层结构分析

中国即将全面迈入数字经济时代，打造"数字中国"。数字技术的不断创新发展是数字经济发展的根本驱动力，数字经济又促进了实体经济的转型升级，两方结合，共同为我国的经济发展赋能。

数字经济在人们生活中得到了广泛应用。衣食住行，人们生活的方方面面早已离不开数字。用手机沟通联系、购买产品服务、家具中的智能应用，智慧城市将是下一个创新点。

数字经济在各个产业都有深入的应用。尤其是以工业制造业为代表的实体经济,在数字技术的支持下,不断转型升级、创新突破,开启了"智能制造"的新时代。除制造业外,以农业为代表的第一产业,以金融业为代表的服务业等,都有所应用。

1.4.1 数字生活

1.4.1.1 数字生活概念

数字生活是一种新兴的生活方式,依赖于信息技术的发展。信息技术的发展引发了第三次产业的革命,也促进了生产力的发展,这使得社会居民的工作、生活变得更加方便快捷。数字生活带来的体验是数字经济渗透到日常生活的方方面面。

科技产品不断融入人们的生活。现代人大多习惯了使用智能手机,完成对衣食住行等方方面面的控制,用声音控制洗衣机洗衣服,控制电灯和空调的开关,刷脸进行线下的消费,网上阅读想看的书籍。可谓"活在电子产品中"。现代人的生活,由于科技的发展和融入而变得方便、轻松、快捷、简单。

数字生活冲击着人们的传统观念。在社会生活高度数字化的同时,人们对自己生活的空间产生了迷惑。人们来往于线上和线下,不仅在体验着、学习着如何在这两个空间生活,更重要的是自己如何看待这两个空间。这引发了人们的哲学思考,现实和网络的交织越来越密切,这种关系也在推动着人类思想的进步。

1.4.1.2 数字生活的特征

(一)选择多样化

线下消费的时代,人们的消费范围受到活动范围的限制,局限在自己生活的区域。由于信息流通范围小,许多潜在的交易因信息闭塞而无法发生。数字生活使得信息流通的范围扩大到了一个难以想象的地步,在互联网上,消费者可以看到全球的消费品,而商品的供给者也可以看到不同的需求,促成了无数在之前根本不可能发生的商品交易。

(二)商品服务化

数字生活开始的初期,我们只是拥有了更大的平台来购买商品,国外是亚马逊,国内是京东等 B2C 平台;第二阶段,出现了淘宝、闲鱼、得物这类 C2C 平台,我们在网上购买了商品,物流将商品送到我们手中;第三阶段,更多传统的服务领域与互联网深度融合,催生了 O2O 行业,如共享单车、餐饮团购、滴滴打车等,我们在线上交易,而后通过亲自到店或服务人员入户,在线下完成服务。

(三)消费个性化

由于我们日常使用网络的记录等数据被商家记录,所以,平台广为采用智能推荐技术来识别客户需求。机器学习将根据消费者个人的搜索、消费、评价等记录数据,来理解客户现在的需求,以及预测未来的需求。

国内各大互联网企业纷纷进军零售业,运用大数据、人工智能等新兴技术,从商店选址布局、物流、运营方案、会员管理等方面不断提供优化方案,使之更贴近用户的个性化需求,还能降低运营成本。从购物体验上来说,消费者能够感到商场越来越懂自己,想买的东西越来越多,要买的东西越来越便宜了。

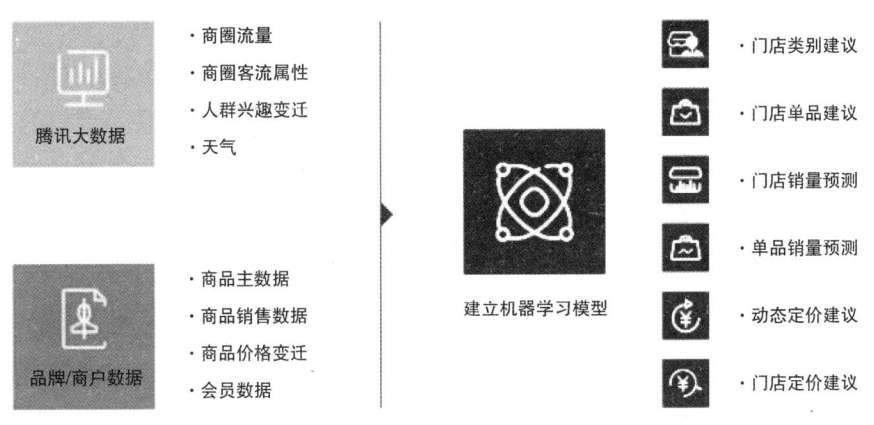

图 1-6 腾讯提供的数字生活零售方案

1.4.2 数字农业

1.4.2.1 数字农业概念

数字农业是一种新形式的农业生产运作模式。它将信息与土地、水源、农作物种子、化肥、农药、农业机械等要素并列,作为一种新的农业生产要素。

数字农业是现代技术在农业领域的应用。利用现代信息技术,以图片、声音、视频等方式表达农业生产;用数字建模、数字绘图等方式设计布局、流程;用信息系统、数据库来储存信息,管理农业生产销售运输。数字农业用信息技术改造了传统农业,使农业在强大的推动力下开始进行转型升级,逐步迈向现代化。

数字农业是多学科的交叉融合。数字农业是计算机科学、自动化等新兴学科与数学、农学、气象学、地理学、生命科学等基础学科融合发展的产物。在数字农业的建设过程中,需要应用到各学科的知识。

数字农业是跨部门跨领域的合作共建。数字农业的建设还需要商业领域、农业领域、工业领域、互联网领域、法律领域、政府部门等多方主体参与,合作共建数字农业。

数字农业包含的概念很多,包括四个方面。

1. 农业物联网(Agricultural Internet of Things)

物联网本质上是以一个生态系统,农业物联网也是一套系统。在农业生产中广泛应用探头、传感器、摄像头等终端设备,并把这些测量得到的数据传输给处理系统,对这些数据进行处理分析后,再由处理系统发出指令,对各终端进行调动和操作。

2. 农业大数据(Agricultural Big Data)

大数据是收集、鉴别、标识各种海量数据,并将这些数据建立成库,通过原本设立的参数、模型和算法对这些多维度的海量数据进行组合和优化。农业大数据是大数据与农业生产的结合,它是一个农业生产观测的数据系统,在系统中进行数据处理和分析,为农业生产、农机操作和农产品经营决策提供客观依据,并借助数据和算法实现部分流程的自动化控制。

3. 精准农业(Precision Farming)

精准农业范围较小,以收集到的数据为依据、以自动化为方式进行执行和操作的一个农机应用系统。在这个系统中,用计算机操作如喷洒、控温等农业生产机械。目标是实现精准播种、精准施肥、精准喷药、无人驾驶等。精准农业需要数据算法和农业机械地结合应用。

4. 智慧农业(Smart Agriculture)

智慧农业不同于智慧城市等生态系统,智慧农业是一种功能系统。它以过去实践积累下来的经验数据为基础,以后台算法为核心,以各种各样的传感器、摄像头、管道、空调等终端精准为辅助,精准地进行感知、控制与决策管理。可以说是现代信息技术、物联网等多种新型技术在农业领域的深入应用。

图1-7 数字农业示意图

1.4.2.2 数字农业的特点

1. 农业生产专业化

农业生产的专业化不同于之前,农民需要在育种、栽种、施肥、除害等全过程进行操作,效率低,且不利于高质量生产,数字农业利用工厂模式和现代技术实现,每一个生产工艺都有专门的人负责,而且只负责这一流程的农业生产,工艺、数量都是科学而准确的,大大提升了农业生产的效率。

2. 农业生产规模化

农业生产不再以农民自己的地,或者几人联合的农场为农业生产单位,而是以地区、区域为农业生产单位,统一协调、统一调配资源,统一使用基础设施和配套工具,极大地节省了成本,达到了规模效益。

3. 农业生产企业化

农业生产引进企业的现代管理模式。以企业的经营方法,对农业生产的组织、人员进行管理,对资源进行调配,对生产进行科学的控制。

4. 农业体系完善化

在数字技术的支撑下,农业产业链包括上下游,从农业育种开始,一直到农产品加工和运输,形成了一个完整的农业体系。体系内各部门各主体有各自的分工,协同高效地运转。

5. 产学研"三位一体"

数字农业使产学研三家沟通更加便捷、工作更加高效。农业产业首先承担起责任,依托现代信息技术为学校教学提供帮助;各地、各校农学院或农学系积极与当地农业产业取得联系,为农业教育引入新的教育教学模式,倾注更多的数字教育教学资源;农业研究机构不断从农业学校汲取新的灵感和创意,为农业研究提供创新驱动力,并在农业产业的支持下把最新的农业研究结果转化为农业创新产品,创造社会效益和经济效益。在数字农业的大环境下,三方共同努力,三位一体,促进我国农业现代化和数字农业发展。

1.4.2.3 数字农业的案例

陕西省海升果业依托阿里云技术打造了数字农业和智能农业模式。一方面是依托阿里云的数字技术,双方共同合作研发农业的智能控制系统,打造业务的共享平台,提升农业企业的创新能力;打造大数据平台,收集、处理、分析农业大数据,精准发现问题解决问题,提升经营效率。另一方面是打造农业"大脑",对农业生产进行可视化的管理。

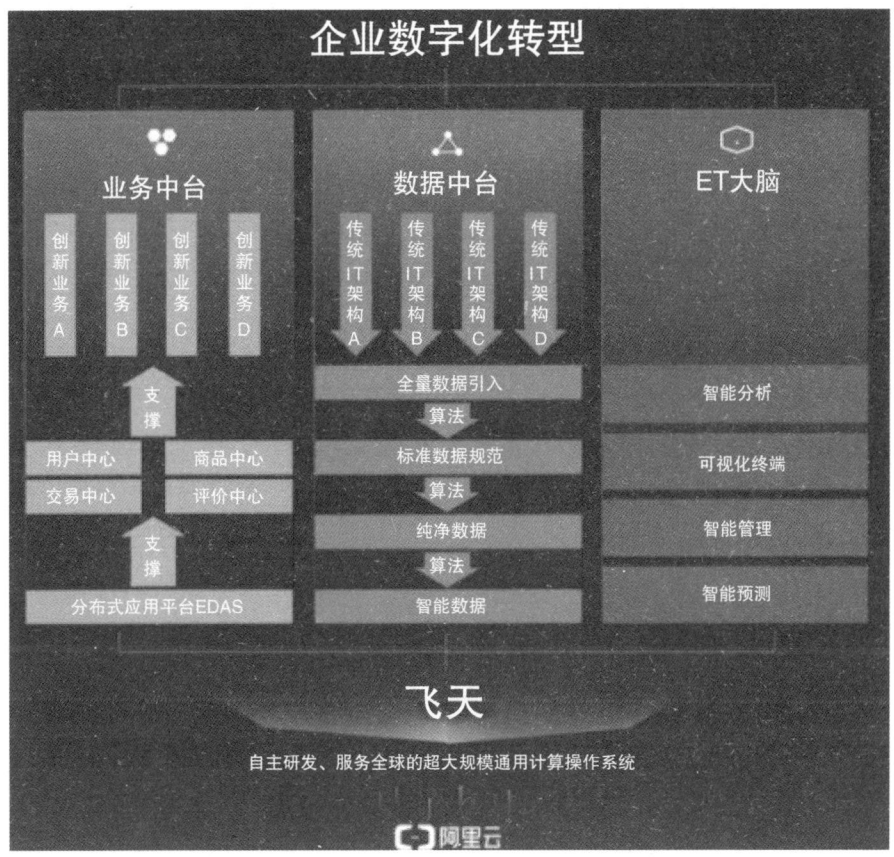

图1-8 "双中台+ET"架构构建农业大脑

1.4.3 数字物流

1.4.3.1 数字物流的概念

数字物流,就是物流行业的信息化。比如车辆跟踪,运单跟踪,工作流程的信息化等,目的是实现流程的可控以及货物全程的可视化。

传统物流的升级。物流企业脱胎于邮政业,从之前的客户对客户模式发展到今天的企业对客户、客户对客户、企业对企业等多方物流,但是其本质是不变的,就是安全、准确、快速、高效地运输物品。其中安全和准确是根本,这也是中国邮政赖以生存的最大优势。但是在互联网技术的发展之下,传统物流行业必须升级转型,依赖信息技术实现"快速"和"高效"的要求。

智慧物流的基础。智慧物流,在数字物流的基础上,增加了自动化和智能化的技术,譬如射频识别技术(RFID)的使用以及物联网的应用。如何在正确的时间和地点把货物送到客户手上,如何加快系统中货物的流转,减少库存压力,提高周转速度,这些问题不是简单的信息化就能解决的,需要发展智慧物流,而智慧物流的基础就是数字物流。

数字技术的应用之一。信息技术不断取得进展,特别是大数据的应用、图像等自动识别的技术,移动互联网等技术的发展,被广泛且快速地应用在各行各业,也包括物流领域。数字物流是技术创新的转化成果之一,创造了巨大的经济效益,推动了传统模式的变革。

1.4.3.2 数字物流的特点

1. 降低物流成本,提高企业利润

从企业层面说,物流链全过程、全方位、全部主体都需要参与到每一次物流服务中,产生大量的成本。数字物流则是把信息技术引入传统的物流业,对每一家物流企业来说,都可以减少中间环节、规范工作流程、科学计算最优物流方案,从而达到节省成本、提升利润的效果。

2. 加速物流产业的发展，节约资源

从产业层面来说，数字物流的兴起，可以打破信息壁垒，促进行业间信息共享。随着技术的突破和行业的深度融合，信息越来越成为一种重要的资产，有助于行业分析加工数据，得到下一步的经营策略。数字物流的发展，有助于资源配置。数字物流能够促进物流企业之间的合作，将原本各自经营的企业协调整合，共享资源，降低运营成本，获得规模效益。

3. 提高政府部门工作效率，有助于政治体制改革

数字物流借助人工智能等技术，可以在商品从生产商、到经销商、到零售商再到消费者手中的全过程进行质量、合法性等全方位的监管，大大节省了政府监管部门的精力，提升了效率，而且使物流更加透明，更加安全。也可以帮助政府把更多的精力投入在人员配置、岗位设置、规范工作流程等政治体制改革方面。

1.4.4 数字金融

1.4.4.1 数字金融概念

数字金融指利用人工智能、大数据等新兴科技方法，依托互联网平台，对传统金融模式进行改造升级，生产更符合消费者需求的金融产品。提供数字金融服务的公司有两种，一是互联网金融公司，没有传统的金融服务，而是全部基于互联网提供金融服务，比如蚂蚁金服，京东金融等，这类互联网公司就是基于海量数据，对用户进行信用分析之后提供互联网金融服务；二是利用技术手段对运用模式进行改造升级的金融机构，如工行推出的工银融e联等。

数字金融涉及业务很多，大致可以分为以下类别。

表1-1 数字金融业务分类

类目	具体业务
基础设施	数据技术、计算机技术、智能科学
支付清算	移动支付、数字货币
融资筹资	众筹、网络贷款
投资管理	余额宝、智能投资顾问
保险	数字化的保险产品

数字金融,是从场景、用户、产品和运营四个层面出发,应用互联网技术、人工智能技术等新兴科技,对金融服务进行转型升级,以实现服务更多顾客,并提升服务效率的目标。

第一,从场景层面来说,数字金融打破了之前依赖于实体金融交易场所的限制,将交易平台搬到了线上,同时也改造了线下的平台。

第二,从用户层面来说,一方面是用户的数量。数字金融在互联网科技的助力下能够服务到原来被市场忽略的群体,扩大了用户的数量。另一方面是用户的层级。不同的用户有不同的需求和实际情况,数字金融能够基于用户的数据进行分析,从而确定用户在市场中所处的位置和其特殊的需求。

第三,从产品层面来说,数字金融不同于以往的传统金融,它在产品的全过程都可以发挥重要的作用,从生产到销售,从风险控制到评价反思,数字金融可以基于大数据对所有过程进行精准的把控,大大提升了产品的质量。

第四,从运营层面来说,一方面提升运营效率。信息化、数字化的办公方式可以减轻产品运营者的负担,使其把更多的精力放在产品质量上,提升了运营的效率。另一方面,减少了运营的失误。人工智能技术依据后台指令工作,相比人的工作更加规范,避免在重复性的工作上出错。

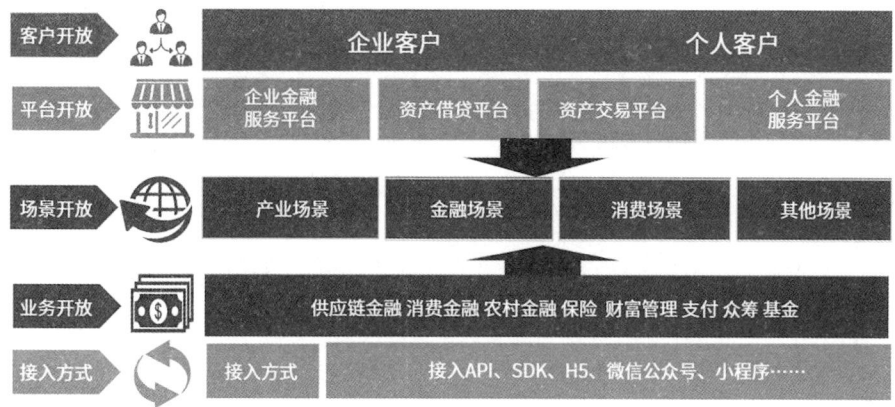

图1-9 数字金融升级模式

1.4.4.2 数字金融的特点

数字金融随着互联网技术的发展而前进，自从进入我国以来，取得了很多新的突破。随着数字经济的发展，原来匪夷所思的事情现在逐步走向消费者的日常生活，这主要体现在以下三方面：

第一，金融摆脱了空间的束缚。从前消费者只能到实体的金融机构或平台去进行交易，如银行网点、证券交易所等，存贷款、结算、投资理财等都依赖于场地。但是随着智能手机等移动互联网终端的普及和第五代移动通信技术等新型基础设施建设的日趋完善，金融已经不再依赖于实体的交易场所，能够服务到更广大的群体。

第二，金融摆脱了规模的限制。在没有数字金融的时候，金融机构很难提供小额贷款给消费者。主要有两个原因，一是成本比不上受益。金融机构为了几千几万的贷款，不仅要做实地考察，还要进行资产评估，收益可能难抵成本；另一个原因是风险太大，小额贷款给个人没有保障。但是金融科技平台摆脱了这一限制，即使贷款规模很小，边际成本较高，也能为其提供服务。

第三，革新了固有的模式。原本的金融机构只能拿房产、汽车等固定资产作抵押，才能放贷。但是现在信息时代，大数据成为一项重要的资产，在数字金融领域甚至可以取代车产房产等实体资产作为抵押，为用户提供担保。

1.4.4.3 数字金融的案例

蚂蚁金服助力消费金融发展

云计算服务在各行各业都得到了广泛的应用。蚂蚁金服也在2015年推出了面向金融行业的专业云计算服务。蚂蚁金服非常依赖新兴技术，尤其是互联网技术，应用这些技术提升运营效率，从而降低运营成本。

蚂蚁金服还曾在银行业布局。只不过不同于工农中建四大国有商业银行，它们都拥有大量的线下网点，利用网点为用户提供服务。蚂蚁金服则选择不设置线下网点，而是基于金融云搭建核心架构，从而建设了浙江网商银行。网商银行成立的目的是基于互联网技术更便捷地随时随地为用户提供金融服务。

云计算技术为蚂蚁金服的扩张起到了极大的助力作用。蚂蚁金服集团旗下还有一个使用云计算技术产生巨大经济效益的品牌——芝麻信用。这是一个第三方征信机构，它利用云计算、机器学习等技术计算并呈现出个人或者企业的信用状况。芝麻信用主要依托场景为消费者服务，包括但不限于线下消费和线上零售。在现实场景中，大到酒店、车辆租赁，小到充电宝租借，芝麻信用都能为用户提供信用服务。

花呗是一种新兴的信用消费工具，随着互联网的兴起和互联网金融的发展而出现，2015年由蚂蚁金服公司推出。六年来，花呗因受到消费者的热捧而在市场上不断攻城略地，今天在互联网金融市场占有相当大的份额。花呗受到追捧的原因有三个，第一是产品形态简单灵活，只需要有一部智能手机，你就有了一个可以随时借贷，随时还贷的"网上银行"；第二是使用方式方便快捷。

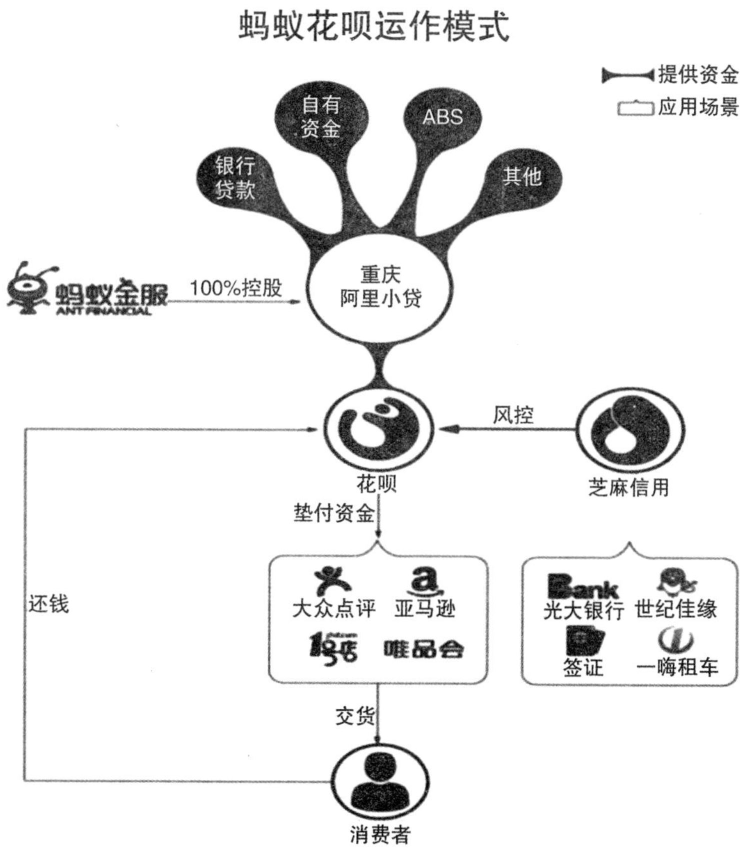

图 1-10　蚂蚁花呗运作模式

资料来源：DT 财经

第 2 章

数字化产业发展进程分析

2.1 电子信息制造业

2.1.1 数字经济时代下电子信息制造业的新内涵

电子信息制造业成为数字化与工业化融合发展新典范

作为数字经济中数字产业化的重要产业之一,电子信息制造业集数字高端智能装备生产、硬件制造、系统集成等功能于一身。一方面,电子信息制造业在促进国民经济发展方面是具有战略性和基础性作用的,另一方面,它也是我国制造业数字化转型的攻坚力量。数字经济时代下,各行各业都在寻求数字化变革,以往国家层面的战略旨在推动"两化"(即:工业化和信息化)不断融合,随着数字经济成为经济社会发展新动力,数字化、信息化、工业化的三者融合将成为新的关注点。

电子信息制造业以高端智能设备的生产为基础,是数字经济产业发展过程中硬件设备的重要供应商,在该产业进行的"三化"融合将会对传统产业的数字化转型产生重要影响。因此,在未来,电子信息制造业势必成为数字经济时代下我国数字信息产业数字化与工业化融合发展新典范。

2.1.2 电子信息制造业的发展历史及现状

2.1.2.1 我国电子信息制造业发展历程

20世纪70年代末期,是我国电子信息制造业发展的始端。到目前为止,根据发展水平和时代要求的不同,大致可以分为四个阶段:市场转型期、规模化发展期、代工追随期以及数字化变革期(丽娜,2013)。

市场转型期

从改革开放初期到20世纪90年代是我国电子信息制造业的市场转型期,突出的表现在"军转民"方面(梁东,2017)。改革开放前,电子信息制造业更多的是为部队提供军工产品,进入改革开放时期后,军民融合的产品生产模式逐渐成为主流。这一重大的转变，不但满足了国家层面对电子信息制造业发展的战略要求，也适应了当时市场经济对该产业的市场需求，从而使得电子信息制造业的发展进入"快车道"，并逐渐成为国民经济中重要的支柱产业之一。在这一重要的起步阶段，我国的电子信息制造业利用改革开放的机会，积极向国外学习先进经验，引进先进技术，为我国电子信息制造业未来的快速发展奠定了基础。

规模化发展期

20世纪末期，电子信息制造业开始与信息化建设相结合。世界范围内计算机技术的快速发展推动了信息化与工业化的融合，我国政府也敏锐地观察到这一世界趋势对电子信息制造业的影响，通过设立一系列信息科技工程，推动我国的电子信息制造业向自主技术研发阶段发展（丽娜，2013）。在此之后，许多自主研发的电子信息产品开始投入使用，我国的电子信息制造业也正式进入到规模发展阶段。

代工追随期

从21世纪初期到2015年前，我国电子信息制造业在全球产业链中主要以"代工模式"承接相关产品的组装加工。在这一时期，我国既要进行电子信息产品的大规模生产，也要不停地进行自主研发，使得全球的电子信息制造业形成了一条巨大的产业链。这一阶段末期，我国的电子信息制造业也面临了很多挑战，产品代工的模式不是长久发展之计，产业的转型升级需求也为我国后来电子信息制造业的数字化进程奠定了基础。

数字化变革期

从2015年后，世界经济开始逐步向数字经济发展，我国的电子信息制造业也紧紧抓住这一历史机遇，大力推动数字化、信息化和工业化在电子信息制造业的融合发展，我国的电子信息制造业也正式进入到数字化变革阶段。

2.1.2.2 我国电子信息制造业发展态势

(一)规模较快增长,经济贡献持续加大

根据《2019年中国电子信息制造业综合发展指数报告》显示(工信部,2019),第一,与产业的创新、收益以及转型升级相比,电子信息制造业的产业规模发展速度最快。

第二,产业收入规模保持较快增长。我国电子信息制造业收入一直保持着稳步增长的态势。随着我国电子信息制造业在长期发展中所积累的产业链优势,并大力投入自主技术研发,产业的市场份额和产业地位得到不断提升。

第三,产业"走出去"效果明显。随着我国电子信息制造业在全球产业链中的地位不断提升,产业出口额不断增长,同时,我国还注重新兴市场的拓展,二者相叠加后,我国电子信息制造业逐渐形成了"抢出口"效应。

(二)产业注重转型升级与产业链位置提升

目前,我国电子信息制造业的转型方向主要着眼于技术改造升级和产业结构平衡。以电子元器件为例,随着产业链由传统的功能件、结构件等低附加值环节向集成电路等高附加值环节转型,电子器件行业收入占比持续提升,在全球产业链的位置不断提升。另外,对电子信息制造业的智能化改造成为产业技改投资的重点。电子信息制造业是一个技术创新驱动的产业,需要不断进行产品创新和工艺流程改造来保证产业的收入规模。根据《2019年中国电子信息制造业综合发展指数报告》显示,目前电子信息制造业的技改方向开始聚焦于智能化改造,比如,如何通过机器学习技术提高产品质量缺陷检测。最后,电子信息制造业也注重新产品的研发,比如,融合人工智能属性的产品(可穿戴设备和服务机器人等)。

（三）产业创新能力和产业韧性持续提升

根据《2019年中国电子信息制造业综合发展指数报告》显示，相较于其他产业，电子信息制造业的产业创新增长幅度最为突出，是国民经济各行业中专利占比最高的行业，其中研发人员占比和研发经费投入占比是对创新增幅贡献最多的两个方面。电子信息制造业作为技术创新驱动型产业，加大研发投入已成企业共识，其中，半导体相关领域和通信设备领域成为产业研发投入的重点。

2.1.2.3 我国电子信息制造业现存问题

一是产业结构不合理。长期以来，我国电子信息制造业以组装为主，包括电子元器件、设备和整机生产等。

二是产业核心技术薄弱。由于缺乏电子信息制造业的核心技术，劳动密集型仍是电子信息制造业产品和服务的主要模式，因此，产品的附加值比较低，自主创新能力有待提高。

三是节能减排意识低。很多企业，特别是中小企业，对节能减排工作不重视，环境保护环节投入较少，对行业的整体可持续发展问题需要提高重视。

四是新冠疫情带来新挑战。新冠疫情对全球产业链产生了很大的冲击，与其他产业相比，我国电子信息制造业在资金流和产业生态两方面都显得比较脆弱。

2.1.3 数字经济时代下电子信息制造业未来趋势

（一）第五代移动通信技术、工业物联网等数字化基础设施需求为电子信息制造业发展带来机会

数字经济时代下，医疗、汽车、教育等应用场景成为社会关注点，这也促进传统装备和设备的网络化和智能化升级，形成新发展空间。为第五代移动通信技术、工业物联网等提供数字化新型基础设施，将为电子信息制造业的市场增长提供新的动力。

（二）消费升级为电子信息制造业数字化变革提供新契机

2019年，我国电子产品的"消费需求蛰伏"，由于第五代移动通信网络和设备的即将大规模推出，很多消费者对智能手机这类的电子产品的购买欲望得到了抑制。随着第五代移动通信技术商用程度的不断加深，未来市场对新一代电子信息产品的需求会稳步回升，消费升级为电子信息制造业的数字化转型提供了新契机。

（三）新兴领域、场景应用为电子信息制造业集聚发展带来新动能

第五代移动通信技术商用、超高清视频行业应用以及人工智能场景，这些新兴的行业领域，将促进数字经济与电子新兴制造业地不断融合，并在不断发展过程中，形成产业链，发挥制造业的产业集聚效果。

（四）电子信息产业将成为"双循环"发展格局的重要环节

在第三届数字中国建设峰会上，相关专家认为，数字经济是中国经济的新引擎，而电子信息产业是发展数字经济的基础。数字经济的高速发展离不开高性能计算的不断发展和普及，随着中国在新冠疫情控制效果方面不断向好，我国已经为发展电子信息产业提供了最好的环境，电子信息产业将成为打通国内大循环和国内国际双循环的"金钥匙"。

2.2 电信行业

2.2.1 数字经济时代下电信行业新内涵

（一）电信行业成为数字经济的催化剂、黏合剂、推进剂

数字经济时代下，电信行业作为第五代移动通信技术的实践者，在推动第五代移动通信技术场景融合应用中势必发挥重要的作用。作为数字经济的重要组成部分和关键支撑，电信业已经成为基础性和战略性的行业，正在成为数字经济的催化剂、黏合剂、推进剂。

（二）为数字经济赋能成为电信行业转型升级的重点

数字化、网络化和智能化所带来的数字化变革正成为数字经济增长的主要驱动力。面对电信行业的种种挑战，比如：区域市场饱和、传统电信业务被互联网创新所替代等，数字中国、智慧社会作为中国数字化场景转型长期工程，为电信产业发展提供了巨大空间。电信行业应该抓住这一历史机遇，担当好为经济社会赋能的角色。

2.2.2 电信行业发展历史及现状

2.2.2.1 我国电信行业发展历程

我国电信行业发展历史主要是电信运营格局与监管机制的变迁历程。大致可以分为四个阶段：

（一）20世纪80年代—20世纪末：政企合一

当时的中国电信是我国唯一的电信行业运营商，由当时的邮电部主管，同时邮电部还具有对整个电信行业进行监管的权利。但这种垄断形式，也对社会带来很大的负面影响，如收费昂贵、服务低劣等。1994年，中国联通公司成立，局部破除了中国电信的垄断。

（二）20世纪末–2003年：政资合一

1998年，信息产业部在原邮电部和电子部的基础组建起来，主要对电信行业进行监管，不直接参与行业内部的经营活动，同时，由于各大运营商都是国有的，此时中国电信行业处于一种"政资合一"的阶段。

（三）2003–2016年：政监分离

中国电信行业经历两次重大重组后，形成了中国电信、中国联通以及中国移动三大运营商的局面，信产部由现在的工信部所取代，企业运营和政府监管基本分离。

（四）2017年–至今：运营商混改

2017年，中国联通公布了其混改的方案，集团将从引进百度、腾讯、阿里等战略投资者，意味着我国的电信行业开始向混合所有制转变，引入社会资本，增加行业活力，同时政府履行监管职责。

2.2.2.2 我国电信行业发展态势

我国电信业在经过多年的高速增长后，其用户规模、网络规模、网络能力和技术水平都位居世界前列，对国民经济和社会发展支撑作用不断增强。

根据工信部数据显示，2019年我国电信业务总量为87837.1亿元，累计增长73.4%；电信业务收入累计完成12039亿元，同比增长0.5%，增速稳步提升。移动互联网流量方面，2018年中国移动互联网累计流量已达711亿吉字节（GB），与上一年相比增长189%；2019年上半年，我国移动互联网累计流量达554亿吉字节（GB），其中手机上网的流量达552亿吉字节（GB），占移动互联网总流量的99.6%。可以看出，电信行业移动端市场增长迅速。

从我国电信行业分布的区域来看，东部地区所贡献的电信业务收入占比超过50%，中西部地区整体水平不如东部地区。从短期看来，东部地区仍是电信产业收入的主要贡献地区，而从长期来看，随着中西部地区在电信基础设施的不断完善，电信市场存在巨大的发展潜力，将会是未来电信业务收入的主要增长点。

近年来，在互联网应用的替代作用及取消长途漫游资费双重影响下，我国话音业务收入占比逐年呈下降趋势，而非话业务收入占比大幅上升。

2.2.2.3 我国电信行业现存问题

一是由于用户增长渐趋饱和期、用户红利接近尾声，以及资费持续快速下降，电信业从4G时期开始进入用户增速低、收入增速低的历史时期，该问题基本不可控甚至将长期存在。此外，受新冠疫情的影响，用户还存在下滑的可能性，原因在于：在疫情影响下，一些多卡用户基于经济成本的考虑会停掉不必要的手机卡，从而导致用户减少。

二是技术的快速发展，导致行业的投资回收期慢与网络升级越来越快的矛盾，该问题基本也不可控甚至将长期存在。

三是国内运营商各自建设网络模式造成重复建设严重，且电信运营商之间的竞争失衡矛盾愈演愈烈，电信市场对民营外资等社会资本开放不及预期。另外，新冠疫情也会使得国内电信运营商的市场格局发生变化。

四是由于机制体制制约，创新能力不足，虽然拥有较多资源但发展互联网等新业务不尽人意的矛盾突出。其次，电信服务水平差距明显，消费者对电信发展改革的获得感需要进一步增强的问题。

2.2.3 数字经济时代下电信行业未来趋势

（一）技术创新成为电信行业的数字化进程中的核心驱动力

第五代移动通信技术作为数字经济中的重要技术支撑，与云计算、大数据、人工智能、物联网、区块链等新兴技术相融合，才能对经济社会生活全方位赋能。电信行业作为第五代移动通信技术的运营者，要注重技术创新，推动自身行业的数字化转型。

（二）基于数字生态的竞争是电信行业市场新格局

数字经济时代下，个性化定制将会是电信行业新的一个服务标准。在这个标准下，电信行业的数字生态构建将推动着整个行业产业链各环节，甚至不同产业链间的跨界融合，电信行业以第五代移动通信技术为基础，通过数据、算力、算法为支撑构建数字生态，以开放协同创新为客户赋能并创造价值。

（三）有序放开电信业外资准入限制，助力"双循环"新发展格局

2021年3月1日的国务院新闻办公室的例行发布会上，工信部部长肖亚庆提到"全面开放一般制造业，有序放开电信领域外资准入限制"。电信业既是关系国计民生的战略领域，又是数字经济和新基建的根基。对于"双循环"发展格局而言，有序放开电信业外资准入限制正是为不同的市场主体提供竞技舞台，提高我国电信业的竞争力，从而助力"双循环"。

2.3 软件和信息服务业

2.3.1 数字经济时代下软件和信息服务业的新内涵

（一）软件和信息服务业成为数字经济科技创新的重要增长极

数字经济时代下，软件产品和服务已无处不在，软件和信息服务业本身就是数字经济的一部分。一方面，软件正不断地取代传统硬件，驱动其他产业创新发展，另一方面，软件也正渗入制造业、服务业，通过数字化、智能化以及网络化的转型升级，推动制造业、服务业数字化变革，并催生新的业态。软件和信息服务业是大数据、云计算、物联网、人工智能等新一代信息技术的综合应用产业，创新成为这一行业经久不衰的话题，也让这一行业成为数字化创新成果的主要诞生地。

（二）软件和信息服务业正成为数字经济发展、智慧社会演进的重要驱动力量

未来，软件和信息服务业与传统产业的融合将会不断加深。在数字经济时代下，以大数据、区块链等新一代信息技术为代表的软件和信息服务业将在经济社会的各个领域进行场景应用，为传统产业的数字化转型升级赋能，推动社会向数字化和智能化转型发展。

2.3.2 软件和信息服务业发展历史及现状

2.3.2.1 我国软件和信息服务业发展历程

我国软件和信息服务业经历过艰辛，也正走向繁荣，正成为国民经济中的中坚力量，其发展历程大致可以分为四个阶段：

（一）启蒙阶段（20世纪50年代—改革开放前夕）

该阶段软件是为硬件服务的，其中，国防军工和国家重大工程项目是软件和信息服务业的主要应用场景。该阶段为我国软件和信息服务业的发展奠定了人才和技术基础。

(二)起步阶段(20世纪80年代—20世纪末)

随着应用领域的不断延伸,软件和信息服务业的创新能力不断提高,同时,在国家政策支持和引导下,行业形成初步的产业链条,我国的软件和信息服务业初具雏形。

(三)快速发展阶段(21世纪初期—至今)

进入21世纪后,在国家政策的指引下,软件产业在投融资、税收、产业技术、出口等方面都得到了规范性发展,软件服务外包的产业模式成为我国软件产业发展的又一新模式,软件产业进入快速发展阶段。

2.3.2.2 我国软件和信息服务业发展态势

根据工业和信息化部发布的《软件和信息技术服务业统计公报解读》显示,我国软件和信息技术服务业发展态势良好,产业的收入和效益稳步增长,产业整体向着高质量方向发展。随着产业结构的持续优化,新的增长点不断涌现,软件和信息服务业正在成为数字经济发展、智慧社会演进的重要驱动力量。

(一)行业保持较快增长

在企业数量和收入方面,截至2018年,全国软件和信息技术服务业规模以上企业3.78万家,累计完成软件业务收入63061亿元。据国家统计局数据显示,软件和信息服务业增加值增速居国民经济各行业之首,占国内生产总值比重达3.6%,已成为经济平稳较快增长的重要推动力量;在盈利能力方面,2018年软件和信息技术服务业实现利润总额8079亿元,全行业正在形成具有实力的大企业和充满活力的小企业协同发展的良好局面;在就业人数方面,截至2018年末,我国软件和信息技术服务业从业人员为643万人;在出口方面,2018年,我国软件和信息技术服务业实现出口554.5亿美元,占全行业业务收入的6%左右,其中软件外包服务出口增长5.1%。

（二）行业结构持续调整优化

2018年，软件和信息技术服务业全行业实现信息技术服务收入34756亿元，占全行业收入比重为55.1%。其中，以云计算为代表的相关服务收入达到10419亿元，占信息技术服务收入比重达30.0%，另外，电子商务平台技术服务收入4846亿元。这两项收入直接拉动软件和信息技术服务业增长4.9个百分点，成为软件和信息服务业收入和效益增长的最重要动力来源。

（三）新冠疫情下产业优势明显

根据中国软件协会的统计分析，在疫情下，软件和信息服务产业充分发挥自身的技术优势，开展远程办公，保证线上业务不停止。此外，健康码、行程追踪也都离不开软件和信息服务业的技术支持。

2.3.2.3 我国软件和信息服务业现存问题

《软件和信息技术服务业发展规划（2016–2020年）》指出，"大而不强"仍然是我国软件和信息服务业发展过程中所遇到的重要问题，其主要表现在以下几个方面：

一是创新能力提升问题。缺乏对产业中的基础性的、支撑性的技术创新，许多核心软件对外依存度大。

二是融合发展问题。与其他行业融合应用的广度和深度不够，支撑国家战略实施的能力亟须提升。

三是产业生态建设问题。资源整合、技术迭代和优化能力弱；人才培养和产业需求不相适应；知识产权保护需要进一步加强。因此，对于整个产业生态的构建能力亟待提升。

四是国际化发展问题。产业国际影响力与整体规模不匹配，国际市场拓展能力弱，国际化发展步伐需要持续加快。

2.3.3 数字经济时代下软件和信息服务业未来趋势

(一)紧抓"数字丝绸之路",拓展产业数字贸易市场的新空间

"一带一路"沿线发展中国家存在巨大的软件和信息服务需求,我国软件企业通过投资、承接软件外包等,提高沿线国家数字基础设施联通水平,构建现代化网络信息服务系统,扩大与沿线国家贸易规模,为消除"数字鸿沟"贡献力量。同时,在沿线国家推行我国自己研发的软件技术和信息服务标准,有利于我国构建我国在软件和信息服务业的数字贸易规则,为软件信息技术企业拓展沿线国家市场创造有利条件。

(二)加强产业创新能力,提高技术供给

加大对产业内基础性技术领域的支持力度,围绕软件和信息服务业科学伦理体系,区块链技术系统等底层研究方向进行产业布局,鼓励基于数据的新业态、新模式发展,坚持数据开放、市场主导的原则,形成数据驱动型创新体系和发展模式。

(三)紧跟数字经济潮流,推动产业数字化转型

在数字经济时代下,软件和信息服务业应向对外提供综合化的解决方案转型,做好为其他行业数字化转型服务的准备,提升自身与其他行业融合应用的能力,构筑合作共赢的数字产业生态。

2.4 互联网产业

2.4.1 数字经济时代下互联网产业新内涵

(一)产业互联网开启数字经济"下半场"

产业互联网指的是企业内部以及整个产业链(研发、生产、交易、流通和融资等各个环节)的互联网化。借助产业互联网,企业运营者可以站在产业的角度重新塑造企业核心竞争力,实现企业的互联网转型升级。

随着我国数字基础设施的不断完善，产业领域正成为互联网业务方向的重点，互联网在整个产业价值链中的地位也在不断变化。从发展模式来看，产业互联网将不同于消费互联网，其将成为传统产业数字化转型升级的助手，而传统产业又反过来为产业互联网提供新的市场增长点。

（二）互联网产业成为数字经济创新成果应用综合"试验田"

随着"互联网+"的思想成为常态，当前融合应用成为技术创新的新热点，场景式创新成为数字经济实际应用的一个主流方向，互联网产业作为数字经济重要产业之一，其自身与其他各行各业都有着十分密切的联系，传统行业需要数字化转型，实体经济需要与互联网不断融合，这都让互联网产业成为各种数字化创新技术或成果应用的试验场。

2.4.2 互联网产业发展历史及现状

2.4.2.1 我国互联网产业发展历程

20世纪60年代，为学术研究和军事服务的互联网诞生在美国，而真正进入商用阶段是在90年代。对于中国来说，20世纪80年代后期才算正式起步，发展历程大致可分为四个阶段：初期探索阶段、基础网络建设阶段、网络普及阶段和网络繁荣阶段。

2.4.2.2 我国互联网行业发展态势

（一）互联网用户规模及普及率不断提高

根据中国互联网络信息中心（CNNIC）第45次《中国互联网络发展状况统计报告》显示：截至2020年3月，我国互联网用户数量达到9.04亿，互联网普及率达到64.5%，较2018年年末提升4.9个百分点。在移动互联网方面，截至2020年3月，我国移动互联网用户规模达到8.97亿人，较2018年年末增加7992万人，互联网用户中使用手机上网人群占比达到99.3%。

（二）互联网基础资源持续优化

截至 2019 年年末，我国 IPv4 地址数量为 3.38 亿个，我国 IPv6 地址数量为 50877 块 /32，较 2018 年增长 15.7%，处于世界前列。截至 2019 年 12 月，我国域名总数为 5094 万个，较 2018 年增长 5.6%；网站总数为 497 万个，占世界网站总数的 68.6%。

（三）互联网产业多元融合快速推进

随着互联网产业面向消费者（C端）商业发展已经接近瓶颈，同时伴随数字技术的发展与突破，技术之间的相互取长补短使得多元科技融合将优先服务于 G 端（政府方面），一方面原因是 G 端与 B 端（企业方面）的产业矛盾存在多年，技术改造需求强烈；另一方面，C 端的服务所需要的高并发性能、低价硬件成本等条件目前技术无法满足。

（四）优秀企业发展迅速，跻身世界前列

目前，我国在全球互联网企业市值排名前十中占据两个席位，包括：腾讯和阿里巴巴。但我国的互联网企业拥有高市值的原因在于：我国人口红利大，消费市场大，而其他互联网企业（如脸书、谷歌、微软）都是凭借底层信息技术的布局来获得市场。随着我国人口红利的消失，我国互联网企业未来还需要更多关注于基础性技术的研发。

2.4.2.3 我国互联网行业现存问题

（一）线上虚拟市场的监管缺位

市场离不开管理和秩序，否则将带来诸多负面效应，对于互联网行业这种以线上虚拟市场为主的也不例外。近几年，由于我国互联网行业的快速发展，各种问题也层出不穷，但相应的市场监管则跟进较慢。

（二）市场垄断影响行业可持续发展

以阿里和腾讯为代表的中国互联网"巨头"，在各自的专业领域内都具有一定的垄断地位。与其他行业类似，垄断同样会对互联网行业的长期可持续发展造成负面影响，比如：垄断遏制了行业创新和损害了消费

者权益。

（三）"急功近利"增加互联网企业经营风险

产生这种现象的原因主要有两点，一是资本市场对互联网概念的热捧，二是新生互联网企业的急功近利，任何行业都有繁荣期与低谷期，互联网企业采用"急功近利"的经营模式在行业繁荣期或许能够取得可观的投资回报，但是一旦过了这个"风口"，或将难以为继。

（四）"廉价性"降低互联网刺激消费的效力

"廉价"优势是目前中国互联网产业促进消费的重要手段，但是，如果在其他条件不变的前提下，随着互联网相关商品价格的下降，其总消费额会上涨到一个峰值临界点，而后将随着价格的下降而递减，从而降低了互联网行业刺激消费、促进宏观经济的效力。

2.4.3 数字经济时代下互联网产业未来趋势

（一）加速渗透实体经济，着眼于传统产业改造升级

党的十九大报告中明确指出，要推动互联网和实体经济深度融合。新一代信息技术已经由最初的理论创新和技术创新，逐步转型为场景式应用和创新正加速与实体经济各传统产业渗透融合，着眼于需求痛点进行改造升级，从而催生很多新的业态。

（二）C2B 反向定制模式可能成为互联网产业新的商业模式

反向定制是一种从原有的货场人到人货场的反向价值链再造，用户直接向厂商定制个性化产品。以往的互联网服务中，大多是企业或平台推出一种服务模式来吸引用户，并借此改变用户的消费习惯，而随着用户个性化需求的不断提高，互联网服务的创作灵感来源于用户的运作模式势必成为未来的主流。

（三）互联网产业迎来"后疫情时代"暴发

2003 年的非典疫情促使我国电子商务崛起，成就了阿里巴巴等巨头企业。但本次与 2003 年的疫情有所不同：相比电商的 C 端，本次疫情中

的互联网新应用涉及教育、医疗、政务等多个方面，随着产业互联网在疫情期间的快速发展，而这次的突发公共卫生事件还会可能催生不少新的互联网业态，为整个互联网产业在"后疫情时代"带来新的暴发点。

2.5 新媒体产业

2.5.1 数字经济时代下新媒体产业新内涵

媒体融合成为高质量发展必由之路。传统媒体在移动时代，以其专业性和权威性，以矩阵形式大规模入驻各类新媒体平台，逐渐成为新媒体平台优质内容最为重要的来源。这即是传统媒体和新媒体融合的典型。一方面，传统媒体以其专业的制作能力不断为各类平台提供优质内容，并利用新媒体渠道优势提升产品传播力和影响力；另一方面，传统媒体开始以新媒体平台的特点生产内容，实现全媒体角色的转型。

2.5.2 新媒体产业发展历程及现状

2.5.2.1 我国新媒体发展历程

近来，新媒体行业发展日新月异，由传统媒体向新媒体的过渡也是在比较短的时间里完成的。新媒体是时代发展需求下的产物，随着互联网的不断变革，传统媒体向新媒体的转型是大势所趋。新媒体的迅速发展也不是一蹴而就的，其发展是以用户为基础，因此，笔者从用户的角度将新媒体的发展历程简单概述为以下三个阶段。

用户培育阶段

这个阶段属于新媒体的起步阶段，在新媒体的发展历程中起到了至关重要的作用。该阶段不但为新媒体的前期发展打下了用户基础，也为后续自媒体的发展培育了"种子用户"。

最初的用户获取主要是新媒体人利用站街揽用户和固定单向吸粉的

"笨办法"。虽然这个方式获得用户速度很慢，但是质量不低，大都能转化成前期种子用户。之后的用户获取形式增多，利用朋友圈子的自传播，和二次传播来自动扩大用户数量。或者利用各种社交软件，通过引流，推广等方式来获取大量用户。

用户沉淀阶段

经过用户培育阶段后，新媒体已经积累了一定量的用户，沉淀阶段主要考虑的就是如何培养用户的忠诚度，增强用户的黏性。

让用户对新媒体产生依赖，最主要的便是以内容为绳索，搭起与用户的关系网。本着商业逻辑至上的原则，新媒体的用户准则就是"投其所好"，因为用户喜欢，才会有流量，才能变现，才能获得资本方认可。那么，什么内容最能够打动用户，最容易打动用户？这得根据用户画像来看，以15-22岁的学生为主用户群体的媒体内容多为新鲜、刺激的猎奇事物；以21-35岁的工薪阶级来为主体的媒体内容多为工作和生活最为息息相关的房产、工作、居家产品；以40-60岁的父母辈为主体的媒体内容则更多的是养生话题等等。

用户价值变现阶段

该阶段进入到新媒体运营的范畴，运营的目的是让用户变得有价值，并能产生价值。将内容中添加广告是最直接有效的变现方式，用户对日常内容产生黏性后，内容的轻微植入广告并不会让用户立马产生很大反感，并会因为对内容的所需适当忍受广告的植入。于是在这种各取所需的微妙平衡下，广告主获得宣传目的，用户获得内容，而新媒体主获得变现收益，这种三赢局面恰好长存不衰。

2.5.2.2 我国新媒体产业发展态势

（一）新媒体终端普及率高

中国目前网络新媒体的终端设备已经相当普及，网络新媒体传播的内容正在日益丰富，而传统媒体每天传播的信息量不及互联网的1/4，以互联网为代表的新媒体终端为人们提供了丰富的内容，带来了精神享受。

（二）使用网络新媒体的消费者越来越多

根据相关阅读调查显示，传统出版物的在用人数以每年大约12%的速度减少，而使用网络新媒体进行阅读的人数正以大约30%的速度增长，年轻人和知识分子是增长的主要人群。相对于以往通过纸质媒介进行阅读的时代，现如今，网络阅读已经被人们所接受，网络新媒体使得社会阅读习惯发生了很大的转变。

（三）网络直播成为新媒体领域新风向

直播作为近几年用户互动形式较为新颖的行业，帮助普通人实现了话语权的更大解放。根据艾媒咨询的数据，2019年上半年，新媒体全领域用户规模将超过15亿人次，其中在线直播5.0亿人次。可以看出，新媒体正在从视频化向直播化转变。

2.5.2.3 我国新媒体产业现存问题

（一）虚假新闻泛滥

目前，互联网上信息的增长速度呈现几何式增长，海量信息汇集、信息过载等现状为虚假新闻的传播和泛滥提供了潜在机会。另外，新一代信息技术（比如：人工智能、大数据）的发展也为虚假新闻提供了便利。

新媒体以用户为基础，虚假信息往往是利用了用户的好奇心理，用假内容迎合用户的偏好，用户倾向于对内容的关注，而不是对信息来源进行细致辨识，因此，虚假新闻难以从源头上根治。

（二）新媒体健康内容发展尚存阻碍

目前新媒体上承载的很多内容表现出来极端和情绪化的情况，非理性的言论在网上形成"群骂"景观。因此，新媒体产业在健康和谐内容的发展方面还有待进一步规范和提高。

（三）技术犯罪现象频出

除了内容不健康发展之外，还存在刷阅读、刷粉丝、"机器营销"等技术犯罪现象。比如，2017年，腾讯就开展了"网络有害信息专项清理整治"行动，针对刷阅读、垃圾营销等违法现象对大批账号进行了封禁。对于这类现象，单凭用户监督或单个平台整治，难以彻底清除此类灰色产业链。

2.5.3 数字经济时代下新媒体产业未来趋势

（一）新媒体产业新巨头崛起

大数据、人工智能等新技术给新媒体产业带来新冲击和新机遇，新媒体产业内部也会进一步分化，长期以来形成的互联网三巨头格局极有可能会被字节跳动、快手等后来者打破，并形成新的新媒体产业格局。

（二）新媒体区块链产业将逐步落地

在新媒体产业领域，第五代移动通信技术将帮助新媒体产业公司吸引更多用户，未来随着场景的丰富和落地，区块链产业将取得实质性进展，尤其在区块链金融、政府数据上链、区块链版权、区块链广告等方面会取得快速发展。

（三）产业互联网成为突破新方向

新媒体产业公司在消费互联网积累了足够用户、数据和能力之后，亟待把现有能力向产业赋能来帮助传统产业转型升级，以更充分地实现能力最大化。目前，腾讯、阿里巴巴、百度等纷纷向产业互联网转型，产业互联网的拓展能力和程度将在一定程度上决定新媒体产业公司的新空间。

第 3 章

传统产业数字化转型发展分析

3.1 传统产业数字化发展综况

3.1.1 传统产业数字化转型发展的意义

随着信息技术的快速发展，数字经济已经成为目前世界经济增长的新兴驱动力。在过去的几年内，全球有超过30个国家的数字经济增速明显高于国内生产总值增速，而韩国、美国、英国、德国以及中国等数字大国数字经济对国内生产总值增长的贡献更是超过了50%（中国信通院：《全球数字经济新图景》，2019年10月）。

2016年于二十国集团峰会发布的《二十国集团数字经济发展与合作倡议》中提到，"数字经济"可以划分为三个不同阶段，划分依据是数字化程度的差异。三个阶段分别是：信息数字化阶段(Information Digitization)、业务数字化阶段(Business Digitization)、数字化转型阶段(Digital Transformation)。数字化转型是数字经济发展的全新阶段，具有重要的意义，具体体现在两方面：一方面，传统产业的数字化转型可以为传统产业注入新的活力，另一方面，数字化转型有助于数字产业的发展。

近年来，世界各国均将数字化转型作为国家战略来发展数字经济。我国从2017年3月的政府工作报告中提及数字经济开始，始终大力推进我国传统产业的数字化转型过程。

传统产业的数字化转型并非仅仅局限于产业内数据的收集与管理，而是需要通过数字化技术在物理层、平台层以及数字层三个层级上对传统产业进行全方位、全角度、全链条式的改造升级，通过对传统产业在采购、生产加工、销售以及物流、运营等各个环节使用数字化技术进行优化来实现全产业的数字化、智慧化发展。从而使传统产业实现在成本、效率以及质量等多个方面的优化，推动我国经济高质量、高效率的发展。

具体来说，我国大力发展传统产业的数字化转型具有以下几点意义：

首先，推动传统产业的数字化转型将赋予传统产业新的发展空间。目前而言，制约我国经济发展的重要原因是供给侧的结构问题：一方面产能存在着大量过剩的情况,而另一方面,传统产业所提供的产品和服务又不能完全满足市场的需求,即有效供给不足,进而无法实现我国经济的良性发展。细究其原因,我们不难发现,传统产业普遍存在着生产模式较为粗放的问题;同时,信息不对称等问题广泛存在于供应链上下游的企业之间,甚至企业内部也存在数据流通不畅的问题。而通过以智能化、数字化为导向的传统产业转型升级可以很好地从根源解决这些问题,使企业可以更好地满足消费者日益增长的个性化需求,同时也可以使生产环节联系地更为紧密,从而实现产业的高效率、低成本发展,有效地提升企业产品和服务的质量。

其次,传统产业数字化转型将为数字产业的发展提供有力支撑。数字经济的发展需要从"产业数字化"和"数字产业化"两方面同时发力,缺一不可。传统产业的数字化转型需要"数字产业化"为其提供技术支持;同时传统产业的数字化转型也为"数字产业化"提供了具体的应用场景。因此,推动传统产业的数字化转型将为"数字产业化"的发展提供大量的技术需求、应用场景以及发展空间。而"产业数字化"和"数字产业化"二者相互支持,协同高效率、高质量发展无疑将促进我国数字经济的发展。

3.1.2 传统产业数字化转型发展趋向

传统产业的数字化转型是通过数字技术对产业内部的各个环节进行优化,并对流程进行重新的设计,从而实现产业的发展与创新。从实践来看,传统产业的数字化转型主要具有以下趋势:

首先,价值创造的中心将由生产商逐渐转向消费者。要做到供给侧结构的改革,首先要明确企业一定要以消费者需求作为导向进行自己的生产以及营销等环节。相比于传统的经济形态,推动传统产业的数字化转型无疑可以更好地做到与市场的沟通,并充分满足消费者的个性化需求,从而实现整条价值链的优化与重构。一是数字化技术可以通过大数据等技术对消费者的偏好进行收集分析,而畅通的数据流通路径也可以确保生产厂商可以及时地掌握市场中的需求变化;二是数字化技术可以对产品进行全生命周期的追踪,从先前的单一产品转向"产品+服务"的新型模式,增加消费者的满意度;三是消费者可以通过平台来参与产品的设计,传统产业的变革产生了"智能制造"等柔性化的生产模式,使得消费者的个性化需求得到了很大程度的满足。

其次,数据资产管理将得到企业的重视。数字经济发展的核心要素包括数字信息和知识。随着数据量的不断积累,加强数据资产管理已经成为企业进行数字转型的必要工作,越来越多的企业将数据视为资产进行管理。一方面,数据资产的应用范围,已经从企业内部拓展到了企业外部。深入挖掘数据价值、拓展数据的应用场景和服务模式已经成为企业管理的重要工作内容。另一方面,在数字资产管理过程中,企业也意识到并非所有的数据都可以转变为数据资产。随着数据规模的扩大,既有企业内部的数据积累,又存在企业外部的数据引入,数据管理会暴露很多问题。数据质量、企业间数据集成程度、数据应用范围,都会很大程度影响数据管理的成本。因此,从数据管理的角度来看,需要对数据的全生命周期进行规划管理,对数据采集、筛选、加工、存储、应用等不同环节进行改进,构建全链条的数据资产管理体系。深入挖掘数据资产价值是企业发展的一项重要任务。目前企业的数据资产管理也表现出运营发展的态势。

产业链协作呈现平台化的趋势。数字化过程从原来的企业内部数字化,逐渐发展为平台层的产业链协作。从实际情况来看,更多的互联网巨头和骨干企业将资源倾向到工业互联网的投入。这些企业除了着力于加快自身的数字化改造建设,还通过平台建设的方式,分享自己的数字化实践经验,形成了对供应链上下游企业的有效支撑。这些平台有助于丰富应用场景,不断提升整体行业的价值空间。目前来看,基于平台的中小企业数字化转型效果显著,传统行业数字化转型整体前景比较乐观。

3.1.3 传统产业数字化转型发展的痛点难点

传统产业数字化转型还面临不少的困难和挑战：

首先，企业对数字化转型了解不够深入，缺乏整体的全局规划。数字化过程中的内涵是经营理念、组织、运营和战略的全面变革，技术更新只是为了变革提供支持。整体的变革也需要从全局的角度进行规划设计。目前，大多数企业都有强烈的数字化转型意愿，但是普遍缺少明晰可行的战略目标和切实准确的路径。从意识层面来看，目前企业往往关注点在于如何引入信息系统提高生产效率，没有从企业发展战略的角度考虑数字化，企业内部的高层管理者之间也很难针对数字化达成共识。同时，数字化转型是一项艰巨且长期的任务，在技术层面、人才层面、业务层面都提出了更高的要求，需要企业在全局层面进行有效的统筹与协作。目前，大多数企业都缺乏数字化转型配套的制度设计和组织架构，部门间数字化转型的权责划分缺乏标准，也缺乏与之配套的评估和激励制度。

其次，数据资产积累不足，适用范围有待拓展。数字化转型的本质是企业数据资产积累和应用的过程。数据是数字化转型的重要支撑，然而如何处理和挖掘数据价值，是企业需要解决的一个重要问题。目前大多数企业对数据的挖掘还处在较为浅显的层次，还没有建立完备的产业数据链；同时内部数据分散存储于不同的业务系统中，不能有效形成有用信息，形成"数据孤岛"；企业整体阶段停留在数据应用的感知阶段，而并非行动阶段；同时外部数据融合程度也比较低，无法及时、全面地了解数据的分布和更新情况。受到数据规模、数据类型、数据质量等约束的限制，大多数企业对数据的应用停留在初级阶段，主要集中存在于精准营销、风险把控、舆情分析等有限场景，缺乏对决策分析的支撑，很难进一步挖掘数据资产的潜在价值。

再次，第三方服务与核心数字技术供给不足。传统产业的数字化转型，不光面临着成本高、缺乏核心数字技术供给的问题，还缺乏成体系的第三方服务支持。目前市场上缺乏能提供战略咨询、架构设计、数据运营等服务的第三方服务商。并且目前市场上数字化转型的方案多为通用解决方案，无法满足企业的个性化需求，更无法针对企业特点和行业特点量身定做。更加重要的是，数字化转型需要的软件、大数据、云计算等服务提供商缺乏统一的行业标准，质量参差不齐，对于中小企业来说，选择难度系数很高。

最后，产业协同程度低，存在数字鸿沟。传统产业数字化转型的不平衡问题很显著。大多数中小企业都面临着数字化、信息化、网络化、智能化水平低的困境。尽管他们对数字化转型有着强烈的意愿，但是自身的约束较多，往往会受到人力和成本的制约。大中型企业和小企业之间的数字鸿沟非常明显。我国相较于发达国家，产业互联网生态建设相对缓慢，这与产业中的数字鸿沟有很大关系。目前龙头企业仍处在以内部整合为主要目标的产业互联网建设，产业链之间的业务协作程度较低。平台整合能力也不足，面向社会化开发程度较低。

3.1.4 传统产业数字化转型发展的对策建议

以下几个方面有助于更好推动传统产业数字化转型：

一是加快建设数字技术供给体系。平台建设方面，加快建设一批数字经济创新平台，致力于提高技术创新水平，特别是提高核心技术的研发和基础理论研究的创新水平；人才方面，加快建设一批优势学科与专业，加强数字技术的基础研究。同时整合人才和资源，积极与国际顶尖科研机构和人才团队合作，开展与实施重大科技研究项目，推动数字技术的研发与创新；企业方面，大力支持企业建设具有行业影响力的高水平技术研究中心，引导优秀企业参与国家数字经济领域的瓶颈技术研究和国际国内标准制定。

二是要努力解决数字创新人才的短缺问题。首先，应该深化政企合作、校企合作。通过建设企业培训基地和企业大学、开设相应培训课程的方式，为培养数字经济所需人才奠定坚实基础。其次，应明确数字创新人才的能力需求和素质标准。在此基础上设立激励目标，促进数字经济相关创新人才和传统行业的融合。第三，应该激发行业协会、培训机构、咨询公司等的作用，鼓励社会机构推动数字技能型人才培养体系的形成。最后，应积极营造数字经济人才培养环境，探索高效、灵活的人才引进、激励、保障、评价政策体系。

此外，有必要加快建设新一代信息基础设施。国家的新型基础设施建设包括第五代移动通信技术、人工智能、物联网等数字设施。数字设施的布局，有利于满足企业低延迟、高可靠等网络需求，进而推动新一代信息网络升级，助力传统基础设施的智能化改造与转型。

最后，政府应加强对传统产业数字化转型的政策扶持。可以从完善政府服务、提高政策精度两方面着手。在整体层面协调政策制定和配套措施的研究。整合人才、金融、土地等全方面政策力量，全力支持传统行业的数字化转型。在财税支持方面，要加强数字化相关专项财政资金的协调，引导各级财政对数字化转型的投入，加大对数字经济领域的项目、平台支持力度。人才方面，应完善人才评价与激励制度，支持科技成果转化激励和奖励试点；此外，传统产业的数字化转型，还应加强土地、能源等要素资源的优化配置和关键保障。

3.2 农业数字化转型发展分析

3.2.1 农业数字化转型发展意义

数字农业不仅是农业现代化的发展目标，也是我国从农业大国发展为农业强国的必要条件。近些年来，我国农业进行数字化转型，取得了一定的成效，但是也存在许多亟待解决的问题。因此需要采取相应的针对性措施，以农业现代化为主要目标，提供强有力的信息支持，为高质量和可持续的农业发展提供新动力。

近年来,我国非常重视数字农业和农村的发展。《促进大数据发展行动纲要》《数字乡村发展战略纲要》相继出台,农业农村部也随之出台了《"互联网+"现代农业三年行动实施方案》《关于推进农业农村大数据发展的实施意见》《"十三五"全国农业农村信息化发展规划》,推动数字农业落地工作。大力发展数字农业已成为中国推进农村振兴和建设数字中国的重要组成部分。这对我国农业的发展具有重要意义。

第一,新技术的应用可以加快传统农业全方位、全方位、全产业链的数字化转型,有助于提高农业全要素生产率。同时数字技术的应用,有助于推动农村经济社会的发展,为农村经济社会高质量发展注入新动能。加快农业数字化转型升级,将进一步提高土地、人力等资源利用,进而进一步提升我国的农业综合水平和整体效益。

第二,农业数字化转型是农业现代化的必由之路。利用传感等信息技术,实现精准育种,从而减少投资、降低成本,实现优质、高量、高效生产;利用大数据等技术,可以精确追踪农产品全周期信息,包括生产、加工、流通等环节,从而实现全流程的产品溯源和监督,确保农产品的质量安全。此外,数字化技术的应用,还将有助于改善劳动力短缺、生产效率低等问题。

3.2.2 农业数字化转型发展现状

自2015年实施"互联网+"现代农业行动以来,国家大力推进农业数字化转型,数字农业建设成效初显。

截至2019年11月,信息进村入户工程已在18个省推广,共建成运营34.6万个益农信息社,共培训村级信息人员73.7万人,为农民和新型农业经营实体提供公益服务7709万项,提供便民服务2.6亿项,电子商务交易额254.1亿元。

此外,农业农村部在9个省开展了农业物联网区域试点示范项目;深入推进数字农业建设试点，在全国开展苹果、大豆、棉花、茶叶、油类、橡胶等6个品种全产业链大数据建设试点；已批准建设13个数字农业试点县；分三批确定全国农业和农村信息化示范基地210个。

农村电子商务也得到了快速发展。2020年全国农村网络零售额达1.79万亿元，同比增长8.9%。行政村电子商务服务网点覆盖率达到64%。

3.2.3 农业数字化转型发展的痛点难点

尽管我国的农业数字化转型进程已初见成效，但在发展过程中也存在着一定的痛点和难点：

第一，核心技术研发滞后。目前国产化的传感器精度、集成度都不足以满足实际需求，在动植物传感器方面的研究程度很低，缺乏适用的智能芯片，甚至没有相应的动植物生产模型。

第二，相关数据资源的共享程度低。目前政务信息系统互联程度较低，公共服务的信息化进度滞后。应当建立起全国范围、全产业链的数据共享平台，加强部门协调与协同推进，消除信息孤岛。

第三，利用数字技术解决农业实际问题的能力需要提高。目前信息技术的应用较为浅显，而支持信息技术的智能设备在研发方面也较为滞后。以遥感（RS）、第五代通信技术（5G）为代表的数字技术集成度较低，同时设备价格高、可操作性差。

第四，农村缺乏高素质劳动力在一定程度上制约了数字技术的推广与应用。目前农村劳动力的受教育程度普遍不高，而且农业劳动强度高，年轻人大多数不愿意从事农业。属于高新技术的数字技术很难在农村得到认可，推动农业智能化、数字化、网络化刻不容缓。

第五，资金支持不足。根据农业和农村事务部信息中心的监测，2018年，25.2%的县用于农业和农村信息化的支出不足10万元，只有20.0%的县支出超过500万元。

3.2.4 农业数字化转型发展的对策建议

发展数字农业，应该以农业现代化为首要目标，以创新推动农业发展。

首先是建设一批国家和省级的农业大数据中心。以农业供给侧的结构改革和农业优质发展为研究目标，坚持问题导向、需求导向和应用导向，构建全流程的农业数字资源体系。鼓励各级单位建设农业大数据中心，以便整合现有的数据。同时明确涉农数据的归属、使用、存储，建立和完善农业数据的共享准则。特别是在各级财政支持的农业项目，在项目立项时就应该明确数据共享的义务，项目验收时也应以数据共享为前提。

其次是加快数字农业技术的创新与应用。在相关核心数字技术的研发中心，重点支持智能农业技术的研发，加快数字农业领域新产品的培育和新模式的推广。同时财税方面，将农业传感器等智能设备纳入农业机械购置补贴范围，减轻农民负担；宏观角度，应该布局建设一批县级大数据试点和农业农村数字经济示范区，探索第五代移动通信技术、区块链等数字技术在农业农村的应用效果，推动科技成果向生产力的转换。

最后是积极推动农业数字经济发展。要将农业数字化转型作为推动农业数字经济发展的主要内容，使用数字化手段，培育数字化农产品，不断提高农业附加值和整体收益。根据我国农业发展的现状和特点，深入剖析数字技术产业化的发展潜力，不断发展尝试新模式。同时注重农产品电子商务，积极落实"互联网+"工程，借助内容电子商务、视频电子商务、社交电子商务，使得优质农产品有足够的机遇出村进城。

3.3 制造业数字化转型发展分析

3.3.1 制造业数字化转型发展意义

近些年来,我国不断出台相应政策,完善制度环境,旨在促进传统制造业数字化转型升级。国务院发布的《关于深化制造业与互联网融合发展的指导意见》为制造业数字化转型提供了整体的战略部署;工信部与财政部联合发布的《智能制造发展规划(2016-2020年)》《工业互联网发展行动计划(2018-2020年)》等政策文件,阐明了当前制造业数字化转型的基本路径和重要内容。这些政策法规为技术研发、成果应用、人才培养、信息安全等多领域提供了政策支持,有效推动了制造业数字转型的进程。制造业数字化转型对我国制造业发展具有重大的意义。

首先,传统的制造业发展模式主要依赖于土地、资本、劳动力等一般生产要素,表现为壁垒低、扩张快等特点。但是这种经济发展模式容易带来很多问题,例如产能过剩、低端发展和恶性竞争等,很大程度制约着我国制造业的进一步发展。制造业数字化转型不仅有助于提高制造业数据的及时性、完整性和开发利用程度。而且有助于提高物流、信息流、资金流的整合程度,从而大幅度提升制造业资源优化配置的能力和效率。数字化转型的制造业更依赖于数据资源这一生产要素。数据资源相较于其他生产要素,具有可复制性、可共享性、无限供给的禀赋。数据资源的合理利用,有利于进一步催化劳动、资本等传统要素,进而带来可持续增长的条件和创新发展的机遇。

其次,传统制造业数字化转型有助于形成价值共创网络。传统制造业一般是以技术产品贸易形成价值链,而数字化转型形成的先进制造业的核心纽带为数据,借助互联网,可以形成人机智能一体化的共创网络。先进制造业的企业可以构建全新的价值生态,以数据资源作为全新生产要素,构建自主学习、持续优化的新型能力体系,从而可以更加精确地挖掘用户需求,更大程度地整合资源,满足消费者的个性化需求。

3.3.2 制造业数字化转型发展现状

根据工信部披露的信息，目前制造业的研发、营销、制造等相关数字化指标相对较高，但是与集成、协作、互联等相关的数字化指标偏低。这表明，我国制造业的数字化转型整体发展迅猛，但是制造业的智能化、网络化水平仍然偏低，进展缓慢。

值得注意的是，中国工业互联网应用的规模正在迅速扩大。工业互联网是制造业数字化转型的前沿技术应用。发展工业互联网已经成为主要工业强国抢占制造业竞争制高点的共同选择。工业互联网技术主要应用于产品开发、生产管理、产品服务等环节。工业互联网的主要应用模式和场景可以概括为以下四类：一是智能产品开发和大规模个性化定制；二是智能化生产管理；三是智能售后服务；四是产业链协同。将工业互联网技术应用于产品开发和服务的企业，一般致力于开发智能产品，提供智能增值服务；将工业互联网技术应用于生产管理的企业，一般侧重于发展数字化工厂和智能化工厂。据调查，将工业互联网技术应用于产品和服务的企业远远多于应用于生产管理的企业。

目前工业互联网平台为制造业的数字化转型提供了服务和支持，而工业互联网平台可以根据适用性划分为通用平台、行业平台和专业平台。这三个平台都可以为用户提供服务，但是更多的是一种链式关系，具体表现为通用平台为行业平台提供服务，而行业平台为专业平台提供服务，专业平台则进一步为用户提供服务。迄今为止，我国已有一批工业互联网平台大规模商业化。

3.3.3 制造业数字化转型发展的痛点难点

虽然我国制造业的数字化转型整体发展迅猛，但是目前仍然存在许多待解决的难题阻碍行业发展。

第一，数据标准制定不够全面。制造业企业每天都会使用和产生大量的数据，包括生产环节的生产数据和设备数据、管理环节的经营数据以及销售环节的外部市场数据。但是，由于制造业设备的复杂性，应用场景繁多、协议标准适配不同环境、数据格式差距大，数据标准很难兼容，将数据转化为有用信息的过程阻力大。目前，我国多方组织解决数据标准的问题，工业互联网产业联盟、智能制造标准化工作组等多个从事相关标准制定的机构，纷纷出台相应的政策文件，如《工业互联网标准体系架构》等文件。但是具体标准的制定和推广还处于起步阶段，行业接受度并不高。

第二，数据安全需要得到保障。制造业对数据的安全性要求远高于其他行业。制造业数据涵盖层面广，数据来源包括设备、产品、用户等多方面。一旦工业数据在采集、存储、应用等不同流程泄露，都可能给企业甚至用户带来严重损失，造成严重后果；如果数据被篡改，轻则导致生产过程的混乱，重则威胁到企业、用户乃至国家的安全。当今网络环境中，信息窃取和篡改的案例并不罕见，仅仅靠技术很难全面保证数据安全。同时数据安全的相关法律法规中，惩罚措施不够详尽，对数据盗取和篡改等非法行为的震慑作用不强。

第三，数据开放共享水平不高。数字经济的发展，伴随着企业对外部数据的需求不断增大。具体来看，包含产业链上下游的企业相关信息、用户信息、政府监管信息等。这些数据资源需要进一步整合，才能发挥出相应的应用价值。但是目前数字资源还停留在内部整合阶段，数据透明度不高。而社会数据方面，则缺少了相关规定来规范数据的获取和共享。

第四，核心关键技术研发不足。目前制造业整体数字化基础较为薄弱，信息化基础设施和数字化转型的积累较少。目前核心技术，如底层操作系统、核心芯片、开发工具等技术领域都由国外垄断；国产化的工业传感器和相应产品大多集中在低端市场；数据采集、控制系统等专利多为外围专利，缺乏核心专利，总体表现为核心技术创新和研发能力不足；除此之外，我国信息化基础设施发展不平衡的问题也值得关注。

3.3.4 制造业数字化转型发展的对策建议

制造业想要长足发展，必须进行数字化转型。市场是只看不见的手，会调整经济活动中的许多问题，包括推动制造业的转型，但是政府的干预这只看得见的手会更快更精准地推动制造业实现数字化转型。

一是政府要出台并完善相关政策，鼓励制造业企业进行数字化转型。推动制造业企业进行数字化转型的方法有：对企业为改造技术而进行的贷款实行利息减免、对企业为数字化转型进行的搬迁进行补贴、为留住数字化转型相关人才进行安置补贴、会计上加速计提企业资产折旧、引导基金等金融资产向进行数字化转型的行业进行投资。此外，在全国推行试点，打造为制造业量身定制的互联网平台。

二是推动行业数据标准的制定和应用。应进一步指导行业组织或者企业共同研究制定行业的数据标准；进一步梳理现有国家标准，采纳成熟的行业标准或者集团标准为国家标准；同时应加强标准体系、认证体系、检验体系的衔接，推动标准落地；对于公共数据应进一步促进数据资源的合法使用，推动公共数据开放共享；进一步完善社会数据的采集、存储、交易环节的制度。保障数据可以规范、合法、有效应用。

三是完善数据安全保护体系。出台相应政策文件，加强对工业数据的保护，明确数据提供者和使用者的责任和义务；对数据流通全流程进行监督，切实保护数据安全；加强数据安全的检查，加大对窃取、使用、篡改数据等违法行为的处罚力度；严厉打击不正当竞争和倒卖个人信息等违法活动，引导和推动社会组织加强数据合法使用的自律性。

四是加强关键数字技术的研发。关键数字技术的研发，有助于夯实技术基础。我国应进一步加大通信、网络、核心设备、基础软件等领域技术研发的投入，加大相应软件和硬件的国产化进程。同时应进一步增加企业牵头的基础应用科研项目。从供应的角度来看，可以完善政府采购体系，加大对国产化设备、软件的采购力度，增大国产化工业产品的需求量，用需求推动技术的创新和发展，扶持新技术、新产品落地应用。

五是进一步增强新一代基础设施建设。制造业的数字化转型,对信息基础设施建设提出了进一步要求。目前新一代信息技术基础设施仍需要加强建设。数字工厂和智能工厂对于数字基础设施的要求远远高于以往的消费互联网。低延迟、高带宽的第五代移动通信技术建设应该在工业领域适当加快建设步伐。云计算等其他存在明确需求和应用场景的数字技术也应加快落地应用。

六是加强国际间合作,提升国际影响力。目前美国和德国正在探讨工业互联网参考架构和工业4.0参考架构的一致性,试图建设一个统一的架构。我国制造业相对于其他国家具有市场规模庞大、数据资源丰富、产业门类齐全等优势。我国应该积极发挥自身优势,努力寻求与其他国家的深度合作,引导相关产业组织在国际合作中发挥更多的作用,让国际上存在中国声音。

七是提早布局,完善就业培训和社会保障制度。制造业的数字化转型将会大幅度提升企业的智能化水平,但也会减少普通的就业机会。同时,数字工厂和智能工厂需要员工掌握新的知识和技能,原有的知识技能可能不足以胜任数字服务业的需求。因此针对这种情况,相关部门应该提早统筹规划,通过技能培训、增加公益岗位等方式,缓解就业压力,发挥社会保障制度的作用。

3.4 服务业数字化转型发展分析

3.4.1 服务业数字化转型发展意义

数字经济与服务经济的深度融合,拉开了中国服务业数字化发展的帷幕,不仅极大地便利了居民的生活,也不断推动了服务业及相关行业的改革,为经济高质量发展注入持久动力。

2012年,我国服务业增值占比首度超过工业成为国内第一大产业,占比高达45.5%，在2015年占比首次超过50%，并在2019年达到了历史最高水平，高达53.9%。数字经济和服务经济的深度融合，不断推动我国服务业数字化转型的进程。服务业数字化转型带来的影响，不仅体现在便利居民的生活，更表现在推动了服务业的改革，为经济增长提供长久不衰的动力。

根据鲍莫尔—福克斯假说和发达国家的发展经验，由于服务业的生产效率低于工业，因而在社会从工业经济向服务经济转化的过程，整体的经济增长率势必显著降低。我国虽然进入服务经济时代相较于发达国家晚些，但是在整体经济结构从工业型转变为服务型的过程中，整体经济增长率并没有显著降低，反而保持稳定且快速的增长态势。这可以归功于数字化对服务业生产效率的提高。在前端环节，服务业的数字化转型可以提高资源匹配效率，降低资源浪费，提高总体收益率；在后端环节，数字化转型可以提升管理水平，丰富管理手段，大幅缩短服务从投入到收益的转换生命周期，获得有效反馈并降低运营风险，帮助企业持续改善运营情况。

除此之外，服务业的数字化转型将有效促进服务贸易。数字技术改变了传统服务业低效和非贸易的性质，很大程度上推动了服务全球化，从而扩大了服务贸易总量，加快了服务全球化的进程。

3.4.2 服务业数字化转型发展现状

2018年，服务业数字经济占比35.9%，比去年增长3.28%，明显高于全行业平均水平。保险、广播电视、电影和影视录音制作的数字经济分别占总量的56.4%和55.5%。约30%的行业，资本市场服务，占行业总数的30%至40%。

在消费零售领域，《电子商务法》正式出台，回应了当前电子商务税收、海外采购、虚假评价等方面存在的突出问题，标志着电子商务发展阶段的规范化。在智能物流领域，区块链、人工智能等技术在物流领域的优先应用取得了显著成效，2018年2月，菜鸟网络宣布启用区块链技术跟踪、上传、验证进口货物跨境物流环节信息，信息涵盖了生产、运输、通关、报检、第三方检验等货物进口全过程。在电子支付领域，移动支付等技术的普及和应用，大大节省了交易双方的成本，有助于激活交易，提高效率。2018年，移动支付业务量快速增长，移动支付交易额605.31亿元，同比分别增长61.19%和36.69%。

3.4.3 服务业数字化转型发展的痛点难点

一是对服务业数字化转型的重视程度不够。由于服务业点多面广，行业门类和企业数量庞大且繁杂，无论是中央或是地方政府，在出台产业数字化政策时，都难以全面顾及，针对服务业数字化建设的系统性政策设计和针对性实施意见相对较少。同时，企业对数字化转型的认识仍然不足。目前，中国仍有不少企业还没有考虑或尚在规划（准备）数字化转型，服务企业对数字化转型的观望情绪也很浓厚，"不想转、不敢转、不会转"的现象十分突出。

二是行业企业数字化转型仍处于初级阶段。服务业市场主体以中小企业和个体商户为主，受制于规模小、布局散、实力弱的特点，数字化转型发展进程较慢，且数字化应用集中在营销、业务和信息技术等方面，主要为单点效率提升，尚未形成一体化数字解决方案。互联网数据中心（IDC）调查数据显示，中国68.6%的中小企业尚未推进数字化技术应用，对于以中小企业为主体的服务业，企业侧数字化转型发展缓慢的问题更为突出。

除上述问题之外，服务业数字化还面临消费者付费意愿较低、信息共享机制不成熟、数字化建设标准尚不统一等其他问题。

3.4.4 服务业数字化转型发展的对策建议

服务业数字化在社会经济发展、结构优化、民生改善等方面意义深远，需要从应用创新、要素支持、治理能力等多层面统筹推进，加快数字化转型进度，助力生活服务业高质量发展。

首先要加强顶层设计，营造良好政策环境。服务业数字化对于促进消费、带动就业和提升行业效率具有重要意义，建议在梳理和分析服务业数字化发展趋势的基础上，针对服务业数字化发展面对的问题与瓶颈，出台推动服务业数字化的指导意见或专项行动方案。一是客观定位服务业数字化在推动高质量发展中重要意义。二是探讨并明确服务业数字化转型的方向、重点和路径。三是完善服务业数字化的政策支持体系。四是完善服务业数字化过程中政府、企业、社会的协同治理模式。五是强化政策衔接，统筹推进服务业数字化。

其次还需要强化要素支撑，夯实服务业数字化发展基础。一是提高技术支撑保障，加强前瞻性基础研究，增加源头技术供给，鼓励支持第五代移动通信技术、云计算、边缘计算、大数据、区块链、人工智能等技术在服务业落地应用，提高基于云的低成本数字化解决方案供给能力，降低企业转型壁垒。二是提供有力财税支持，加大对服务业供给侧数字化的财政支持力度，对企业上云、数字化设备、服务购买等进行补贴，提高数字化转型资金保障，精准解决中小企业资金短缺难题；完善税收优惠政策，对数字化转型投入力度大、转型程度高、转型效果好的先进企业，按照技术先进型服务企业税率标准征收企业所得税。三是加快培育数字化人才。提高服务从业人员的数字化技能，提升服务企业数字化转型能力。四是通过政府购买服务、开放政府资源等为服务业数字化转型提供新的应用场景。政府开放社区、学校、医院、养老院、博物馆、科技馆、景区等资源，为服务业数字化创造新的应用场景，并在公共治理中购买数字化服务。

最后要发挥平台数据、技术优势，推进生活服务业数字化协同共治。一是搭建数字化治理体系。坚持包容审慎的监管政策，顺应服务业数字化发展趋势，构建数字化治理体系模式，正确处理政府和市场的关系，形成边界清晰、分工协同、平衡互动的治理结构。如准确把握数字经济时代的竞争规律和本质,从消费者利益出发,平衡好规模效应和竞争效应之间的关系,制定合理产业组织政策。二是加快服务业数字化标准建设。发挥政府、第三方机构、产业联盟、协会、龙头企业等的引领作用,组织开展行业相关标准制定,形成对行业数字化转型的路径指导,加快相关新型基础设施建设和数字化服务能力提升。三是发挥服务电子商务平台的"媒介"作用,实现政策精准触达中小商户。政府在出台金融等政策帮扶中小商户等方面可深化与平台合作,靶向发力,提升政策的精准度。

第 4 章

数字经济融合应用

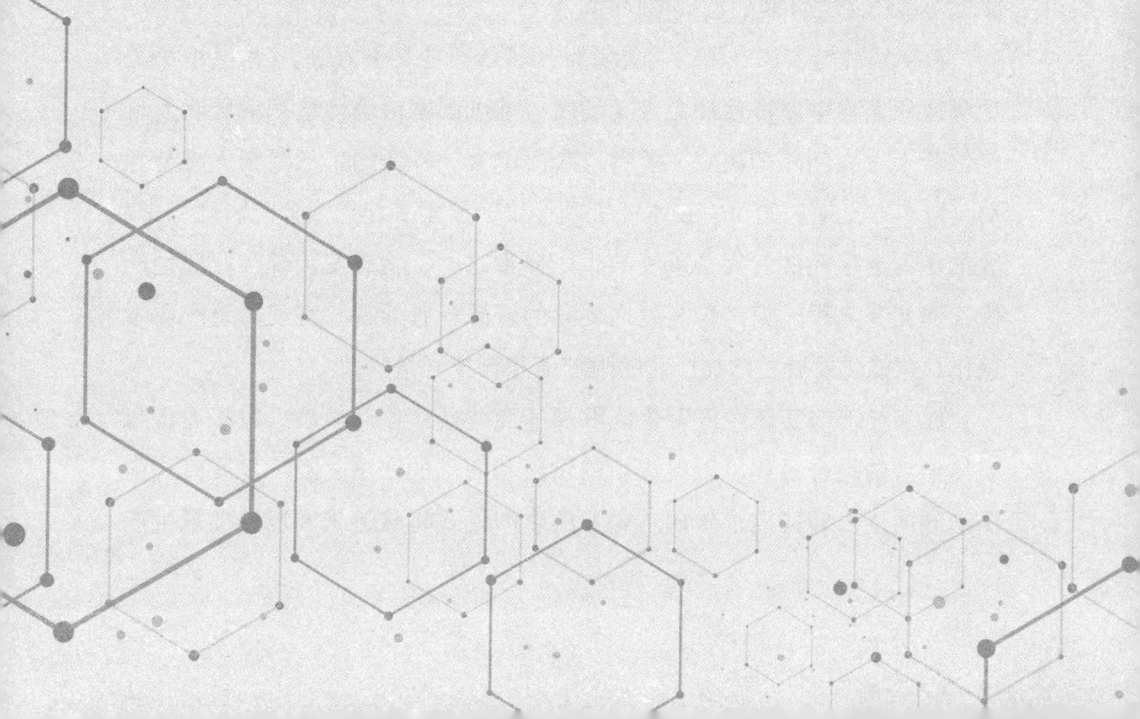

4.1 数字经济与实体经济融合

4.1.1 数字经济与实体经济融合的背景与意义

党的十九届五中全会通过的《中共中央关于制定国民经济和社会发展第十四个五年规划和二〇三五年远景目标的建议》指出要"推进数字产业化和产业数字化,推动数字经济和实体经济深度融合,打造具有国际竞争力的数字产业集群"。数字经济与实体经济的融合发展将推动传统产业的转型升级,实现资源的合理配置以及生产效率的提升,促进数字经济发展。近年来,以共享经济、平台经济以及工业互联为代表的新商业模式、新产业业态发展迅速,为社会生产生活带来了极大的便利,也在社会经济发展方面做出了巨大的贡献。

数字经济与实体经济融合能够深化经济体制改革创新。在数字经济时代,利用大数据技术可以进行全价值链数据的实时传输和精准分析,可以实现供给侧和需求侧的精准对接并促进价值链中全生产要素的合理流通和高效利用,进而降低供需双方的交易成本,优化当前市场经济环境。此外,对全流程的智能监管,可以降低价格市场改革的风险,为高质量的市场经济体制建设提供保障。

数字经济与实体经济融合能够推动传统产业转型升级。《中共中央关于坚持和完善中国特色社会主义制度、推进国家治理体系和治理能力现代化若干重大问题的决定》指出,数据作为一种新的生产要素,将与劳动、资本、土地、知识、技术、管理等生产要素一起纳入分配制度当中。数据作为数字经济时代最重要的生产要素之一,将改变传统产业的生产模式和业务流程、提高传统生产要素的资源配置效率,实现传统产业绿色化、智能化发展,增加产业的附加值和科技含量。

数字经济与实体经济融合能够加速商业模式创新发展。数字经济与实体经济的融合过程可以促进新的供给和需求的产生,经济发展模式由供给导向逐步转向需求导向。企业的生产模式将从追求大规模批量生产转向定制化生产和智能化制造。此外，随着物联网、大数据、人工智能等新一代信息技术的发展与应用落地，居民的消费行为与消费决策也会相应做出调整，高度个性化的产品和服务需求被释放出来。需求端的消费升级将激发供给端的产品创新，并最终实现生产方式与居民消费之间的循环升级。

数字经济与实体经济融合能够提升我国的国际竞争力。从近年来的数据来看，发达国家的数字经济发展基础更好，发展的速度也更快，数字经济发展的先行优势明显。我国目前数字经济尚处于领先位置，未来需要把握数字经济发展的重大机遇，加快推进数字经济与实体经济的融合进程，积极参与相关领域国际规则制定，掌握国际话语权，为高质量的开放发展提供重要保障。

4.1.2 数字经济与实体经济融合发展的挑战

第一，我国的数字核心技术以及基础设施建设仍有待加强。我国目前虽然数字经济规模已经位居世界前列，但是在数字核心技术的发展上相较于其他数字经济发达国家基础薄弱，尤其在基础和高端领域与其他国家差距巨大。在软件开发商方面，数字化发展所需要的设计、开发、仿真、测试等环节的核心部分软件长期依赖进口，部分领域国外软件市场占有率超过90%。在硬件方面，我国集成电路的生产制造技术严重落后，这导致数字化发展中所需的芯片、传感器等核心元器件国产化程度低，长期受制于国外厂商。此外，我国数字基础设施建设虽然已经处于全球领先的位置，但是在未来进一步发展的过程中还需要对出现的安全、环保等问题进行考虑。

第二，我国数字经济与实体经济融合不充分不平衡。不充分主要体现在数字经济与实体经济融合程度低，存在着"两张皮"的情况。传统的实体企业的数字化升级往往仅涉及生产的环节，而不是整体的业务流程。这种情况下，企业仅仅是通过数字技术实现生产绩效的提高，而对数据的应用不充分、不到位,没有真正地发挥数字技术的作用;而新兴的数字产业虽然在数据的处理与应用上面具有先进的技术,但是明显缺少应用场景来实践和发展。融合不充分的问题将严重影响数字经济与实体经济双方的发展。而不平衡的问题则体现在区域与区域之间、产业与产业之间以及企业与企业之间。如果不注重发展数字经济与实体经济融合发展水平较低的领域,不仅会导致这些领域的数字化转型升级发展缓慢,也会严重制约发展水平高的领域的发展速度,严重阻碍了我国数字经济与实体经济融合发展进程。

第三,我国数字经济与实体经济融合治理体系不健全。数字经济与实体经济的融合进展迅速,但是我国相应的治理体系建设速度明显落后于融合速度。在数字经济与实体经济融合的进程中所出现的新模式、新问题都对治理模式提出了新的挑战。近年来,例如大数据杀熟、平台企业行业垄断、用户个人隐私泄露及滥用、数字产品盗版等问题屡见不鲜,而传统的治理模式显然并不能完全适用于这些情景,亟须建设适应数字经济时代发展新要求的治理体系。

4.1.3 数字经济与实体经济融合发展的对策建议

首先,加大数字技术研发力度,为数字经济融合发展提供技术基础。目前我国对于数字技术的应用创新大多集中于应用层,基础技术研发能力薄弱。数字技术是数字经济发展的支撑和保障,为实现数字技术与实体经济的深度融合,必须大力推动我国数字技术的自主研发进程。推动数字技术发展需要产学研多方努力、密切合作。高校与科研院所要加大对工业软件、核心元器件、集成电路等领域的科研力度;并在开展研发工作的同时,培养大量数字技术的研发、管理人员。企业要在开展研发工作的同时积极思考相关技术的应用场景创新。企业要和高校、科研院所保持密切合作,共同推动数字技术的应用创新,突破数字领域的基础技术和关键共性技术。政府也要从政策上鼓励数字技术的研发与应用,从税收等方面向开展研发工作的机构提供便利,并对有突出贡献的机构进行奖励。

其次,加快数字基础设施建设,为数字经济融合发展提供硬件支持。新型数字基础设施不同于传统意义的基建,而是要通过物联网、人工智能等新一代信息技术打造以数据为核心资源,围绕数字经济时代社会发展的需求所需的公共基础设施。要重点建设以第五代移动通信技术基站、大数据中心、工业互联网以及以国产化技术为基础搭建的云平台等为代表的新型数字基础设施,通过打造高质高效的生活生产所需数据的流动、存储、分析以及应用体系,实现包括政务、商业、公共服务等一系列社会活动的数字化、智能化转型升级。在促进数字经济发展的同时强化数字经济与实体经济融合的深度与广度,大力推动智慧城市、智慧制造以及智能家居等多种深度融合应用场景的发展与创新。

最后,完善数字经济治理体系,为数字经济融合发展提供制度保障。目前我国数字经济治理体系明显落后于数字经济与实体经济融合的进程,为保障数字经济的健康发展,要整合政府、企业、产业联盟以及相关协会等多方力量,打造多方参与的数字经济综合治理体系。政府要加速出台适用于数字经济新模式的制度体系,对市场中出现的新问题、新挑战做出及时响应,加强监管力度;产业联盟以及相关协会要自发建设行业自律规范以及技术标准,促进产业健康发展;而企业,尤其是平台企业,要做好自身的约束和规范,从根源上杜绝不平等竞争、大数据杀熟等不利于数字经济长期稳定发展的现象。通过多主体协同治理体系的构建来建设良好的数字经济发展生态。

4.2 共享经济

4.2.1 共享经济的概念

哈佛大学商学院商务管理教授和历史学教授南希·科恩(Nancy Koehn)表示，共享经济是指个体间直接交换商品与服务的系统。共享经济通过平台来实现对供给和需求的重新匹配，通过大数据等数字技术将闲置的劳动力和资源进行再分配，最终达到人尽其才、物尽其用的目的。通过数字技术和平台的精准匹配，可以显著降低供需双方的交易成本，提升资源配置效率。从根本上解决了资源没有得到有效利用的局面。

共享经济是数字经济时代数字经济与实体经济融合发展所产生的代表性商业模式，符合我国"创新、协调、绿色、开放、共享"新发展理念。党的十九大报告也提出，要大力发展共享经济来"培育新增长点、形成新动能"。

4.2.2 共享经济发展现状

根据国家信息中心计算，2020年我国共享经济市场交易规模约为33773亿元，相较于2019年增长约2.9%。受疫情影响，增速相较于2019年的11.6%有所放缓。其中，生活服务、生产能力、知识技能三个领域共享经济市场规模位居前三，分别为16175亿元、10848亿元和4010亿元。从发展速度上看，疫情对不同行业的共享经济影响存在着显著的差异：知识技能和共享医疗两个行业发展迅猛，交易规模同比分别增长30.9%和27.8%；而共享住宿、共享办公和共享出行三个行业的交易规模则受到了疫情的负面影响，出现显著下降，相较于2019年分别下降29.8%、26%和15.7%；此外，生活服务行业的交易规模也同比下降6.5%。

共享经济在居民衣食住行各方面消费所占比重显示出逐年增长的态势。尽管受新冠疫情影响，居民出行意愿明显下滑，2020年网约车客运量占出租车总客运量的比重依旧达到了36.2%，相较于2019年仅下降了0.3%，2020年共享住宿收入占全国住宿业客房收入的比重为6.7%，同比下降0.2%。这两个领域受疫情影响严重，但相较于2019年所占比重并未出现大幅下降。而2020年在线外卖收入占全国餐饮业收入比重约为16.6%，同比提高3.8%。此外，根据中国互联网络信息中心以及国家信息中心分享经济研究中心发布的相关数据，2020年网约车用户、共享住宿用户和在线外卖用户分别占到了我国网民总数的36.2%、7.4%以及43.5%。说明共享经济已经在我国居民的生活服务领域占据了不可替代的地位。

我国在共享经济领域的法律与规则建设工作也取得了突破性的进展。2020年6月，全国共享经济专业标准化技术委员会正式成立，共享经济指导原则与基础框架的建设工作也在逐步推进。以《关于支持新业态新模式健康发展激活消费市场带动扩大就业的意见》为代表的政策文件也对我国的共享经济做出规划，引导、监管规范共享经济发展。

4.2.3 共享经济发展的挑战

第一，我国共享经济法律监管不到位。目前我国虽然在政策层面对共享经济的发展做出规划，但是由于共享经济产生较晚，相关的立法工作还没有完善，法律法规建设速度明显落后于行业发展。由于缺乏相关的法律法规，大量由于共享经济产生的纠纷无法找到处理依据，比如共享经济从业人员的劳务关系与劳动保障、共享经济的卫生、消防及其他安全问题、行业内的不良竞争等。法律监管的不到位造成共享经济市场混乱，无法有效保障用户权益，严重限制了共享经济的健康快速发展。

第二，我国共享经济信用体系不健全。共享经济是建立在社会中个体与个体之间信任的基础上的商业模式。然而，不同于传统企业，共享经济平台上的供需双方都是陌生的个体，容易产生信任风险。近年来在网约车等共享经济领域由于供需双方的个体素质参差不齐、平台自我监管约束能力差所导致的社会问题也频频引起全社会的热议，进一步加深了公众对于共享经济平台的不信任。我国在共享经济领域亟待建设健全完善的社会信用体系，从制度和规则层面引导共享经济信用生态的建设。

第三，我国共享经济产业发展不成熟。目前我国的共享经济产业发展尚不成熟，具体体现在三个方面。第一，目前共享平台所提供的服务和产品缺乏标准化、质量体系的保证，需要从行业层面进行约束和规范；第二，共享经济领域同质化竞争较为严重，简单化的照搬商业模式导致同质化低端创新问题严重，平台间靠打价格战来吸引客户进行竞争；第三，共享经济的盈利模式存在弊端，目前共享经济平台的经营模式主要为平台给予高补贴来吸引供需双方的参与，这种模式显然不适合共享经济平台的长期发展，通过何种方式来运营共享经济平台是一个需要从业者进行思考的问题。

4.2.4 共享经济发展的对策

首先，要完善共享经济立法工作。立法和监管的缺失是目前制约我国共享经济发展的主要因素之一。为了今后共享经济的健康发展，国家必须要加速完善共享经济领域的法律体系，明确共享经济中各个参与者的法律责任，确保在劳动关系、税收、客户隐私、数据保护等方面的治理和监管有法可依，为共享经济的发展提供保障。

其次，要建立共享经济信用体系。共享经济的发展要以健全可靠的信用保障体系作为基础。建设全国性的综合信用保障体系，需要政府牵头，起到主导作用；整合工商、税务、公安、法院等职能部门的信用记录，以及线上平台的数据信息，对全社会公民进行信用评级。通过各个权威的媒体渠道对诚实守信的优秀事迹进行传播，并及时对失信人员进行披露。多方参与，建立起综合性的社会信用保障体系。

最后，要规范共享经济发展模式。要杜绝共享经济领域同质化竞争以及通过价格战来抢占市场的行为，鼓励共享经济平台企业在商业模式创新的同时进行技术创新，应用数字技术对运营、匹配以及交易等业务流程进行优化升级，提高产品和服务质量、降低平台企业运营成本。政府要对共享经济领域的恶意竞争行为进行及时干预，优化完善市场准入条件，引导并规范共享经济健康发展。

4.3 平台经济

4.3.1 平台经济的概念

平台经济是数字经济的有效支撑和重要组成部分。互联网平台经济是生产力新的组织方式，是经济发展新动能，对优化资源配置、促进跨界融通发展和大众创业万众创新、推动产业升级、拓展消费市场尤其是增加就业，都有重要作用。在数字商务的背景下，企业的关注重点将由供应链的建设转向平台的生态体系建设。平台作为数字商务的重要载体，能够打破原有的产业边界，改变传统经济模式的链式组织方式，通过对来自不同产业的多方资源整合，实现供求双方的信息大范围、精确匹配以及整个社会经济资源的优化配置。

4.3.2 平台经济发展现状

近年来我国平台经济发展势头良好。根据中国信息通信研究院统计数据显示，2015年至2019年是我国平台经济快速发展的阶段。截至2019年底，我国共有193家平台企业市值超过10亿美元，而2015年这一数值仅为67家。这表示我国处于行业领先地位的头部平台逐渐崛起。而从规模上来看，2019年我国数字平台总价值达到了2.53万亿美元，相较于2015年的7957亿美元增长了接近三倍。平台经济在数字经济时代所发挥的重要作用逐渐凸显。

从平台分布的行业领域来看，平台经济所涉及的领域主要包括本地生活、数字媒体、物流、医疗健康、金融科技、电子商务和在线教育七大类。而平台在不同领域的发展表现出显著差异。电子商务和社交平台依然是平台经济中占据主导地位的两个领域；而近年来，以金融科技和数字媒体为代表的新模式发展迅猛，是近年来平台经济成长最快的领域。

在对数字平台的监管方面，平台经济健康发展成为我国政策制定的重要方向。2019年8月，国务院办公厅发布《关于促进平台经济规范健康发展的指导意见》。《指导意见》提出，要创新监管理念和方式，落实和完善包容审慎监管要求，推动建立健全适应平台经济发展特点的新型监管机制，着力营造公平竞争市场环境。在2021年3月15日下午主持召开的中央财经委员会第九次会议上，习近平总书记发表重要讲话强调，我国平台经济发展正处在关键时期，要着眼长远、兼顾当前，补齐短板、强化弱项，营造创新环境，解决突出矛盾和问题，推动平台经济规范健康持续发展。

4.3.3 平台经济发展的挑战

第一，平台经济数据安全存在风险。在数字经济时代，数据成为一种重要的资源，而作为掌握了大量用户数据的平台也成为被黑客攻击来窃取用户数据的主要目标。同时，大量的用户数据也存在着被滥用的风险，近年来平台违规超限搜集用户隐私数据、买卖用户信息、强制授权等现象屡见不鲜。而我国目前法律并未明确界定数据产权，为数据的使用和交易都带来了极大的隐患，严重影响了平台经济的发展。

第二，平台经济存在非正当竞争行为。从目前来看，相较于其他产业，平台经济的非正当竞争行为更加恶劣。（各个领域的平台之间同质化严重，并会出现激烈的价格战，在此之后则会出现"赢家通吃"的局面，即大平台的垄断会将市场准入门槛不断抬高，并通过运用垄断协议、拒绝交易、纵向约束等方式来达到"通吃"的目的，如要求平台中的第三方商家进行多选一、限制跨平台访问与数据共享等。）这些恶意竞争手段不仅侵害了平台用户的利益，也危害了平台经济的发展。

第三，平台经济责任边界难以界定。目前，平台经济责任边界不清晰是平台产生纠纷、制约平台发展的主要因素之一。近年来，网约车司机杀人、莆田系医院推广等现象将平台经济推至风口浪尖。我国目前法律没有明确对于类似事件各方参与者责任边界的界定。政府究竟应该进行多大程度的监管，而平台又应该承担多大部分的社会责任都需要进一步明确。

4.3.4 平台经济发展的对策

首先要创新平台经济监管体系。从法律层面科学合理界定平台责任，并针对平台经济的发展特点，分领域、分情况来进行规则与标准的制定。要合理界定政府监管、平台治理和平台内经营者的责任，在严守法律底线的前提下也要保证监管的灵活性，为新业态发展留足空间。

其次要规范平台经济市场环境。要优化市场准入条件，降低企业合规成本。并对各领域的龙头平台所进行的垄断以及恶意竞争行为进行严格的管控，同时保障行业竞争的有效性以及消费者的权益。互联网平台应该建立平台自律联盟，杜绝非正当竞争行为的产生，大型平台企业要发挥自身在技术和资金上的优势承担更多的社会责任，建设健康向上的平台经济生态环境。

再次要保护平台经济数据安全。在立法层面要加速推动推进数据产权立法。既要促进数据流通，又要做好数据保护，推动数字产业的发展。优先解决个人的信息保护立法，在此基础上确定个人数据的权利，然后明确平台企业收集到的个人信息的应用范围，从而逐步明晰化。平台需要对数据的使用进行进一步的规范，并加强对于用户数据的保护。

最后要鼓励平台经济创新发展。要大力发展"互联网＋服务业"，鼓励平台企业利用技术优势对医疗、养老、教育、培训等服务领域进行转型升级，拓展平台经济的应用场景，推动平台经济在各个领域的创新发展。

4.4 工业互联

4.4.1 工业互联网的概念

工业互联网这一概念由通用电气董事长伊斯梅尔首次提出,他认为工业互联网通过"开放性的全球化网络连接员工、数据以及机器,以实现工业领域的升级"。工业互联网产业联盟秘书长余晓晖认为工业互联网是"新一代信息通信技术与工业经济深度融合的全新工业生态、关键基础设施和新型应用模式。以网络为基础、平台为中枢、数据为要素、安全为保障,通过对人、机、物全面连接,变革传统制造模式、生产组织方式和产业形态,构建起全要素、全产业链、全价值链全面连接的新型工业生产制造和服务体系。"

当前,全球工业互联网的发展呈现出关键技术加速突破、基础支撑日益完善、融合应用逐渐丰富、产业生态日趋成熟的良好态势。我国是制造大国,为了向制造强国迈进,必须抓住当前全球发展工业互联网的关键历史机遇。我国发展工业互联网的空间巨大,要结合当前我国工业发展现状以及国家、社会的迫切需求,通过技术创新打造成熟的工业互联网体系,为建设制造强国贡献力量,推动数字经济与实体经济深度融合发展。

4.4.2 工业互联网发展现状

根据工业和信息化部的政策解读,2018-2020年可以认为是我国工业互联网起步发展期。在此期间,我国不断丰富完善相关政策体系,在《工业互联网发展行动计划(2018-2020)》的基础上发布实施十余项落地性文件。在实践方面,工业互联网在三年间带动总投资近700亿元,并遴选4个国家级工业互联网产业示范基地以及258个试点示范项目,打造了一批高水平的公共服务平台,培育了一批龙头企业和解决方案供应商。基础设施不断夯实,新模式新业态创新活跃,产业生态不断壮大,为工业互联网下一步发展打下坚实基础。

根据中国信息通信研究院发布的《工业互联网产业经济发展报告（2020年）》的测算，我国工业互联网产业发展迅速，为经济发展提速增能。我国工业互联网产业经济的总体规模在2019年达到了2.13万亿元人民币，同比增长达到47.3%，约占同年数字经济的5.9%、同年国内生产总值的2.2%，对经济增长的贡献达到9.9%。随着工业互联网的发展，其与实体经济的融合发展有效带动了传统产业的经济发展。2019年工业互联网对农业、工业以及服务业的渗透水平分别为0.27%、2.76%和0.94%，影响逐渐增强。在2020年，面对新冠疫情的冲击，工业互联网产业在抗击疫情以及复工复产等多个领域发挥了重要的作用，根据工业互联网产业联盟统计，现共有200余款包括生产制造、经营管理、运维服务、疫情防护类等功能的手机应用程序为企业抗击疫情提供服务，实现了物资的及时配送和生产的精准调配，有效地缓解了疫情对经济的负面影响。同时，工业互联网的发展也提供了大量的工作岗位，2019年相关行业新增就业岗位255万个。

在工业互联网的发展架构以及规则制定等方面，我国做出了大量工作并走在了国际前列。工业互联网产业联盟在工业和信息化部的指导，先后于2016年和2019年制定并发布了《工业互联网体系架构（版本1.0）》《工业互联网体系架构（版本2.0）》，为全球工业互联网发展提供了极具借鉴价值的方法框架，对工业互联网的创新发展和生态建设有着相当重要的指导意义。此外，在2021年3月，国际电信联盟标准化局（ITU-T）通过了中国信息通信研究院主导制定的首例工业互联网国际标准——ITU-T Y.2623《工业互联网网络技术要求与架构（基于分组数据网演进）》。

4.4.3 工业互联发展的挑战

首先，我国的工业互联网发展基础薄弱。这一问题具体体现在以下几个方面：第一，我国的各个行业普遍存在着数字化、智能化发展程度不高的情况,大量的中小企业数字基础设施落伍、业务流程数字化程度低下,又受制于技术、资金以及理念等问题,无法在短时间内达到建设工业互联网的标准;第二,我国在工业互联网的核心软硬件开发方面自主研发能力不足,严重落后于发达国家,在数据采集系统、工业控制系统、数据分析软件、信息改善软件等方面长期依赖进口。

其次,我国的工业互联网应用环境混乱。我国工业互联网的发展水平在不同产业、不同地区以及不同规模的企业之中不平衡,不同企业的设备、参数、标准也不统一。我国工业互联网发展面临着数据采集困难,数据上云后也可能会出现因为标准不同所导致的云端汇聚效率低和协议兼容难度大的现象。这些现象将严重限制我国工业互联网平台的建设,不能实现真正的智能化、数字化生产。

再次,我国的工业互联网安全保障不足。工业互联网将会加速传统工业生产模式的开放进程,工业互联网中的系统运维、生产设备以及运行过程中产生的数据等都要与外界的互联网进行连接、交互,系统和数据的安全将面临更大的风险。然而,我国在工业控制等领域的发展刚刚起步,企业普遍存在安全管理制度不完善、安全建设考虑不全面、防护措施不到位、技术产业支撑能力不足等问题。

最后,我国的工业互联网应用领域局限。我国虽然工业互联网发展迅速,但是目前工业互联网的应用领域还比较局限。虽然我国目前存在大量企业根据自身特点开发工业互联网平台,规模已经追平或超越工业互联网发达国家,但在跨行业和跨领域方面,我国与这些国家差距巨大。目前我国平台与平台之间关联性差且功能重复,各个平台形成信息孤岛,无法带动产业整体水平的提升和结构优化,难以形成规模经济优势。

4.4.4 工业互联发展的对策

第一,要完善工业互联网相关制度。首先要进行标准体系的建设,针对工业互联网发展的需求,政府要牵头整合企业、科研机构开展工业互联网相关的行业标准，对数据格式、接口进行统一规范，在此基础上极对接国际工业互联网标准，在工业互联网国际化发展的浪潮中占据话语权。此外，要对工业互联网的安全保障进行立法与监管，以建立相关领域的法律法规为基础，对工业互联网的平台、数据等方面的安全防护进行更积极的监管，并建立工业互联网白名单机制，强化工业互联网安全保障体系。

第二，要打造工业互联网产业联盟。工业互联网平台应该与科研机构以及制造企业等多方展开协同合作，组建工业互联网产业联盟。要广泛吸收数字化程度低的传统产业以及受限于技术与资金压力的中小型企业，通过搭建工业互联网的生态平台来实现社会资源的重新配置，支持数字化程度低的企业加入产业联盟，为其提供技术和资金方面的支持。政府也应该在产业联盟中积极扮演引导者和重要参与者的角色，通过财政、税务等政策来扶持工业互联网产业联盟发展，为跨区域、跨行业的综合性工业互联网产业联盟建设引导方向、提供助力。

第三，要突破工业互联网技术瓶颈。政府要加大对工业互联网技术创新的扶持与鼓励，为企业、高校及其他科研机构提供基金和政策上的支持。充分发挥社会各界积极性来加大对工业软件、核心元器件、集成电路等领域的科研力度，突破数据采集、平台治理、数据安全、仿真优化等关键技术瓶颈。同时要注重技术创新与应用相结合，企业要和高校、科研院所保持密切合作，共同推动数字技术的应用创新，突破数字领域的基础技术和关键共性技术。

第5章

数字经济与产业集群

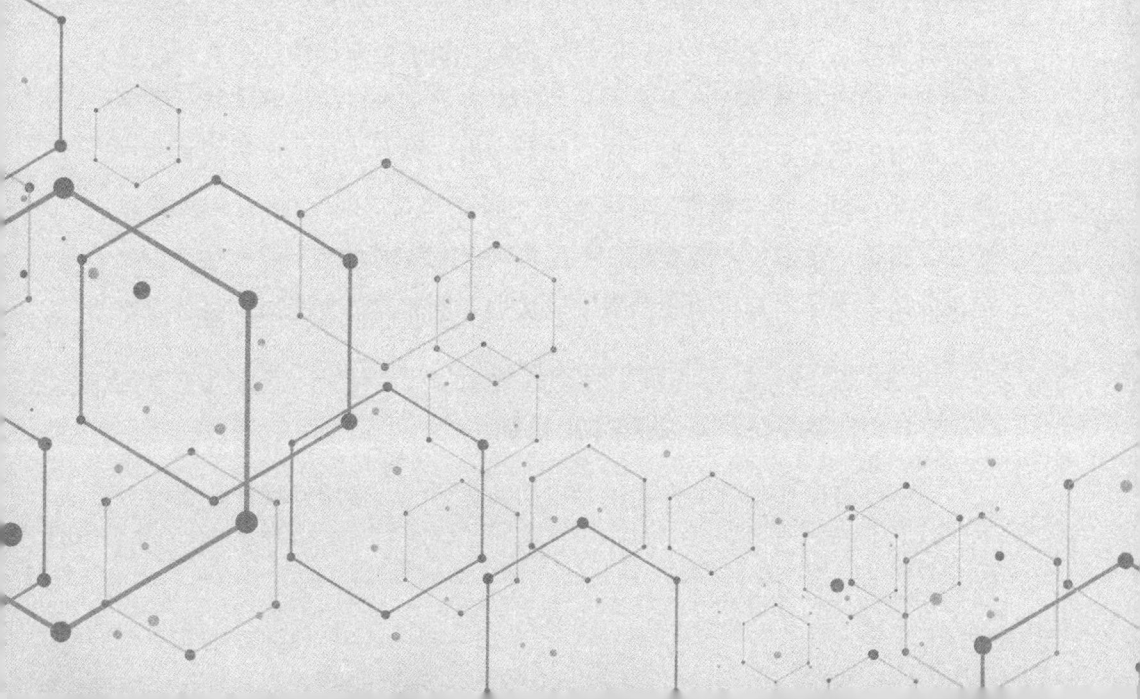

5.1 数字经济产业集群的界定及作用机制

5.1.1 数字经济产业集群的界定

在2016年杭州二十国集团峰会中,二十国集团领导人对"以数字经济为平台,开创物物相连、心心相通的新纪元"达成共识,提出数字经济是指以使用数字化的知识和信息作为关键生产要素、以现代信息网络作为重要载体、以信息通信技术(ICT)的有效使用作为效率提升和经济结构优化的重要推动力的一系列经济活动。产业集群不是同一行业竞争性企业的高度聚集,而是不同行业具有竞争或合作关系的组织机构的地理集中,包括但不限于产业链各环节有关联性的企业、科研机构、金融机构、行业认证机构、信息服务平台、公会及其他民间团体,不同产业集群的纵深程度和复杂程度不同,但总体由市场和地方政府进行宏观调控。根据数字经济与产业集群的定义,数字经济产业集群是指数字经济产业链交互关联企业和其他组织机构组成的区域经济群体,重点在于不同行业间的相互配合和分工协作,将数字、资源、创新要素在产业空间范围内不断汇聚,充分发挥整体大于部分之和的作用。数字经济产业集群可以带动区域经济发展,激发创新活力,相比传统产业集群更具有纵深程度和复杂性,是数字经济未来的发展趋势。数字企业比传统企业更倾向于集聚,抱团共建数字产业集群是我国发展数字经济的战略选择。数字产业集群的核心是,在一定物理空间范围内,提升某种产业链或某些产业链的集中度,通过物理空间和数字空间的"双空间",培育一批领军企业,打造一批数字产业集群,不仅可以提高我国数字产业和数字企业的国际竞争力,而且可为中国数字经济带动世界经济复苏提供强有力的支持。

5.1.2 数字经济产业集群作用机制

数字经济产业集群的作用机制有四条。第一,数字经济产业集群在原有产业要素的基础上，不断吸收新的要素资源，数据作为关键生产要素，得到充分流动分享、加工处理和开放利用，数字产业集群可以高效配置数据、劳动力、资本、技术等生产要素，推动区域数字经济成几何式增长，拓宽数字经济覆盖面的同时增加渗透力，从而推动市场经济体制改革。第二，数字经济产业集群为创新驱动提供优质平台，各地立足于自身资源禀赋，积极推进建设数字经济产业集群，通过税收减免、政策补贴等措施，鼓励龙头企业增加科研投入，鼓励中小企业创新创业，以建设区域创新发展载体为基础实现科技成果高质量落地转化，以创新驱动带动人才驱动，为产业集群带来新思想、新技术、新发展。第三，数字经济产业集群打造对外开放新高地，产业集群不是区域内的自给自足，而是一个高能级对外开放平台。数字经济产业集群以提高数字经济发展质量、构建开放型产业体系、推进区域间合作交流为目标，通过加大招商引资力度、支持投资新领域等措施，鼓励数字经济企业开拓市场，做强优势产业，培育新兴产业。第四，数字经济产业集群可以优化数字发展环境，产业集群作为全国发展数字经济的先行者，率先发展数字基础设施和数字化公共服务，充分释放新兴技术的创新效应，促进产业融合，为数字经济新应用赋能，挖掘更多商业价值，从而缓解公共服务供需不平衡，加速区域便捷化、智能化、绿色化发展，为全面发展数字经济创造有利条件。

5.2 数字经济产业集群的规模及现状

5.2.1 数字经济产业集群协同治理

在一般情况下，产业集群可以实现整体大于部分之和的效果，表现出较强的竞争力，是一种相对稳定的组织形式，但是产业集群在面对经济危机、市场失灵、成员利益冲突问题时，应对不当可能会使产业集群失去活性。数字经济产业集群作为新的区域组织结构，具有无限可能的同时缺乏面对风险的经验，因而需要多重联结的集群成员进行产业集群协同治理，即通过一系列治理机制和规章制度规范集群内主体之间的频繁互动，协调主体之间的关系，维护并提升集群的竞争优势，共同采取行动以防范可能面临的危机，并分别对结果承担相应的责任。数字经济的目标是通过数据、技术、资本的高效利用实现资源开放共享、交易成本下降、产业结构优化、经济高质量发展的目标。要实现该目标，必须在政府的支持下，将产业链各环节企业、组织机构有机结合，提高产业集群共生性，实现产业链协同、优质资源共享、创新成果共建，使集群内企业实现内外规模经济和范围经济，达到数字化信息资源利用最大化，为企业挖掘核心资源、整合数字供应链、共享知识成果，提供空间上的便利，以实现数字产业链纵向延伸。协同治理是数字经济产业集群的必经之路，治理模式的选择与政府治理能力、集群组织结构和社会发展程度息息相关。根据治理主体和治理程度两个维度可以分为四种治理模式，政府领导—正式治理模式、政府领导—非正式治理模式、自主协商—正式治理模式和自主协商—非正式治理模式。政府领导为垂直治理结构、自上而下决策，自主协商为水平治理结构、自下而上决策；正式治理模式由法规、合同条款进行约束，非正式治理模式则由企业声誉、价值观认同进行协调。

中国数字经济治理体系的构建和治理能力的提升是国家治理的重要内容，数字产业集群的协同性也越来越被重视，但数字经济无序发展、企业无序竞争的问题依然突出，数字经济产业集群协同治理还存在一些短板。第一，数字经济产业集群的整体协同程度还不高。"信息壁垒"、"数字鸿沟"、"网络安全"等问题还没有得到有效解决，低效率协同甚至不协同的现象依然存在。第二，数字经济产业链存在局部不均衡的现象。各集群在产业布局和要素分配上优先发展优势产业，却忽略了其他传统产业的转型升级和创新产业的孵化培育，从而导致要素匹配结构化矛盾、创新研发动力不足、产业发展层次不高、企业竞争力不强等问题。第三，数字经济存在旧治理手段对新治理对象不适应的现象。共享经济、物联网、大数据、区块链等新的治理对象的出现，与传统的法律、政策、技术标准、集群规则等治理手段不相匹配，数字经济为传统行政执法带来挑战，从而阻碍了企业机构之间的交流通畅，造成了大量的低效率。第四，数字经济统计指标和评价体系还不健全。评价一个数字经济产业集群的规模和发展潜力需要对数字经济进行科学衡量，由于数字经济统计指标和评价体系标准不一致，有些区域甚至为传统经济进行"数字化包装"，以此来"美化"数据，这严重误导了数字经济发展的客观评价，阻碍上层做出正确的战略规划，制约了数字经济产业链的协同发展。为补齐这些短板，首先政府要提高自身治理能力，积极响应经济趋势和时代变化，细化管制方案以适应新业态。但仅靠政府很难治理这些拥有千万级以上用户和商品的经济体，需要集群内企业、机构的参与、协商、决策、共同担责，这也是协同治理的核心所在。产业集群则需要充分发挥自身优势，以行业自身制定的规则来约束集群内企业，为各利益相关方提供沟通交流与共同治理的平台。企业作为产业集群内主要成员需要积极承担数字经济治理的责任，数字经济企业的科研创新能力、数据采集能力、技术吸附能力、行业渗透能力较强，对数字经济产业集群的发展前沿具有导向作用，数字经济企业的治理能力决定了产业集群的治理环境，所以需要数字经济企业起到带头模范作用，也需要各类主体参与治理，发挥产业集群内甚至全社会的力量，共同推动数字经济的健康发展。

5.2.2 数字经济新应用、新模式、新业态

近几年来，我国不断深化"放管服"改革，在数字经济领域，降低市场准入门槛，简化优化市场准入制度，培育新一代信息技术、高端装备、新能源、新材料、生物医药等新兴产业集群，为数字经济构建更好的营商环境。在"十四五"规划中，我国坚定不移建设数字中国，集中力量推动数字经济和实体经济的深度融合。各地积极制定数字经济产业发展行

动计划，大力推动互联网、大数据、人工智能、第五代移动通信等技术与社会各产业相融合，催生更多新应用、新模式、新业态，推动数字经济产业园、云基地、工业互联网与数字金融的协调发展，激励微观企业数字化转型，助力数字企业更高层次的开放，开拓国际市场，创造出一个公平竞争的市场格局，进而推动后疫情时代经济复苏和增长。

数字经济的发展规划也体现出与地方资源禀赋相结合特点。中国单个省份经济体量往往"富可敌国"，通过区域内生产分工和贸易，弥补生产要素空间分布不均，电子商务、大数据、智能计算平台的搭建，更有利于形成超大规模的市场优势和保持国家层面竞争优势。

在智能计算方面，2020年4月国家发改委提出将智能计算中心纳入新基建，智能计算中心是基于人工智能理论、架构为人工智能应用提供所需算力服务、数据服务和算法服务的新型公共算力基础设施，通过生产、聚合、调度和释放算力，支撑数据开放共享、智能生态建设、产业创新聚集的有效开展，有力促进人工智能产业化、产业人工智能化及政府治理智能化。智能计算作为数字经济在基本公共服务的新应用，未来将在产业集群中全面汇聚资源，实现实体经济的新旧动能转换，面向新型的人工智能场景，加速孵化新业态，提升社会治理水平，赋能产业创新升级，激发智能经济活力。

在跨境电商方面，目前我国跨境电商综合试验区增至105个，覆盖30个省、自治区、市，在数字经济的驱动下，跨境电商有效缩短了国际供应链，创造出更好的用户体验场景，始终保持高速的发展态势。我国鼓励进口消费和拉动内需，推动外贸升级转型，催生新型服务业态，建设"数字丝绸之路"，加快"一带一路"线上线下互动格局的形成，促进中国在全球贸易体系的重新分工。当前我国正在大力构建国内大循环为主体、国内国际双循环相互促进的新发展格局，跨境电商开放、包容、普惠的特性可以让各类市场主体共享双循环新格局发展红利，为壮大跨境电商新业态，我国不断降低市场主体进入门槛，充分调动跨境电商市场积极性,持续促进各类大中小微企业的广泛覆盖。

在共享经济方面,以共享出行、共享短租、共享办公、共享医疗、共享物流等服务及共享家电等产品为代表的新业态、新模式不断推陈出新,成为推动服务优化、加速消费方式转型、提升经济韧性的新力量。制造业产能共享成为新的发展亮点,产能共享以制造企业和生产性服务企业为主,基于互联网平台共享设备、技术服务、生产能力、管理能力等,以达到生产资料和制造能力快速配置的效果。在该理念下产能共享的基础设施不断完善,众创型产能共享平台成为大型骨干企业孵化整合的重要举措;服务型产能共享依托智能系统提供全方位数字工业服务;中介型产能共享平台开启"无工厂"制造模式,为供需双方提供对接服务;协同型产能共享平台体现区域和行业集中性,实现产业链协同治理。人工智能和区块链作为共享经济的新应用场景在医疗健康、交易体系、便利生活等方面发挥重要作用。如在身份核验、内容监管、辅助决策、风险防控、服务评价、网络治理、信用保障与信息安全等方面提供技术支撑,保障共享经济的营商环境。

5.2.3 数字经济驱动下的中国产业集群升级

除发展数字经济新应用、新模式、新业态外,数字经济的另一大任务就是将新一代信息技术融入实体经济,改造实体经济,实现实体经济的转型升级和创新发展。实体经济在国民经济中已经根深蒂固,范围之大影响至深,盲目进行全面改革会造成混乱的局面,需要在区域产业集群进行示范试验,从而发现问题、及时修正、反复验证、全面推广。经过试验发现数字经济对中国实体经济产业集群质量升级的创新驱动主要受如下两方面因素的制约:

(一)政府的科技体制设计对自主创新机制形成的影响

为推进自主创新,我国全面深入改革科技体制,坚持制度创新要紧跟科技创新,加强国家战略科技力量。国家的科技体制设计与地方的科

技政策实施直接影响科技成果的产业化,也会影响产业集群自主创新机制的形成。目前我国科技体制设计存在以下问题:

科技管理体制和机制设计不合理。在产业集群宏观管理层面,现行科技管理体制没有充分发挥统筹各地区、各行业、各部门之间高效沟通的作用,没有充分调动起创新创业的氛围,也没有健全对科研成果质量的监督及评价机制,科研创新鲜有实现"质"的突变,创新体系的整体效能不强。

科研资源分配和布局结构不合理。当前我国并没有形成成熟合理的科研资源分配设计,科研创新资源不集中、低效的问题还没有从根本上得到解决,研究机构有交叉,重要科研领域存在空白,科技投入的产出效益不高,没有创造出可观的市场价值,整体科研力量的布局结构有待调整。

科技产权关系不够清晰。科技产权是科技体制改革的核心,但我国在厘定产权边界方面还存在问题,阻碍了成果的转化和科研积极性的调动,为促进科研活动的顺利开展和公平竞争环境的构建,产权关系厘清问题亟待解决。

科技成果转化率不高。我国科技成果的转化率和转化速度都处于较低的水平,产业化的比例难以达到社会的需求。一方面是由于大学、科研院所等科技高发地重理论、轻实践,产学研衔接不到位,成果转化所需技术水平较高,成果孵化平台的发展尚不成熟。另一方面,企业内部虽然设置研发中心、发明工厂,但满足于现有收益,不愿冒风险投入更多资本搞创新,从而导致了科技资源的浪费。

(二)集群内企业自主创新能力对成果转化能力的影响

集群内企业的自主创新动力不足、能力较低。目前我国制造业的高端生产装备及部分核心技术依赖于进口,国内企业缺乏自主创新的动力和能力,整体国际竞争力和抵御风险能力不强,难以达到国外优秀产业集群的水平。为了不再受制于国外技术垄断,我国应该鼓励并扶持企业进行核心技术的自主研发，谋求制造业产业集群的良性发展，让更多中国企业进入国际市场。

集群内企业与高等院校和科研院所的整体联动效应不强。我国大力推进产学研用的整体联动，政府积极引导，增加科研投入经费，企业积极响应，提高自主研发能力并向全社会招标创新技术，吸引高等院校和科研院所发挥科研优势。虽然合作活动开展较为普遍，但盲目开展使科研成果转化能力不足，出现一些为了"经费"而"研"而不是为了"产"而"研"的现象。

为了实现制造业的高质量发展，改善我国制造业大而不强、强而不优的局面，需要充分利用数字经济大潮驱动制造业集群质量升级和智能改造。具体从以下两方面入手：

1. 政府深化科技体制改革

完善政府组织领导职能和服务职能。首先要将科技体制改革的制定和实施效果作为政府绩效考核的重要指标，从而激励政府完善并实施科技体制相关规则和各项政策，大力宣传，吸纳各行业科技人才参与改革工作，不断加强对政策落实情况的监督；合理投入并分配科研资金，优化集群整体科技研发投入产出比；各地政府间、政府与企业间相互协调、统筹发展、创造良好合作氛围；明确产权边界，从而加大对知识产权的保护，保护科创企业科研成果和持续创新能力。

2. 集群内企业转变发展方式

确立集群内企业的主体地位，提升集群内企业的自主创新能力。数字经济与实体经济的融合及科技成果的变现主要是通过企业来实现的，确立集群内企业的主体地位，能够充分发挥企业在科研创新和成果应用的主导作用，使企业意识到只有提升自主创新能力才能提高竞争能力，逐步完善自身研发体系，加大研发投入，促进知识转化为实际生产力，从而带动集群竞争和合作氛围，更好地实现内源式发展路径。

5.3 数字经济重点产业集群案例

5.3.1 珠三角地区

改革开放的四十年里，珠三角地区成为全国重要的经济中心之一，也是产业市场发展最完备的地区。作为沿海经济开放区，珠三角地区外向型经济总体发展水平较高，各地要素之间可以自由流动，产业结构优化合理，为数字技术的应用及发展数字经济产业集群创造便利条件。目前在国家战略下，珠三角同香港、澳门特别行政区共建粤港澳大湾区，成为全国数字经济发展的中坚力量。2018年珠三角地区数字经济规模已超过4万亿元，占国内生产总值比重44.3%，数字化程度最高，形成了"两核多梯次"产业结构。其中，以广州、深圳为"两核"，广州、深圳的科创实力雄厚，软件和信息服务业、金融业、文创产业等行业发展处于全国领先地位，构建了完善的现代化服务业体系；东莞、佛山、珠海在第二梯队，重点发展农业、渔业、轻工业、装备制造业，同时加快布局前沿产业，完成数字经济产业发展的快速破题，打造世界级智能制造基地。珠三角各地的数字化布局为全产业链发展创造了良好的条件，重视企业培育，加强产业集群集约，努力推进从生产到生活的数字化转型，牢牢把握集群在全国的发展格局，巩固并增强自身在全球产业链、价值链中的地位。在基础设施方面，珠三角全力推进建设国家数字经济创新发展试验区，先行先试、率先发展，欲打造出自主高效的智能超算设施集群，着手数据中心的空间布局，加快完善协同计算业态，加快实行集群数字化转型升级计划，支持企业上云。引导数字经济产业集群向规模化、一体化、梯次化方向发展，形成扩散效应，从而有序推动其他地区建设数据中心集群及创新驱动集群。

5.3.2 长三角地区

近年来，长三角地区高度重视"一体化"和"高质量"发展，加快产业数字化、智能化转型，实现创新链、产业链、供需链、资金链、人才链互联互通，通过行业和区域应用，加速平台体系化、标准化创新发展。积极打造数字经济营商环境，在数字变革中探索高效发展路径。一方面，通过连接制造业与云平台服务商开展深度合作，进行"十万企业上云"改造计划，集中搭建"云上长三角"平台，帮助企业高水平上云、深层次用云；创建工业互联网平台和智慧工厂，打通上下游产业链，推动制造业走向价值链中高端；推动产业集群的集约发展，从而扩大规模经济，形成高效灵活的智造生态和创新共同体。另一方面，投资众多新兴产业项目，包括环保装备、智能制造、商贸物流、绿色银行等领域；加大科技攻关，推进产业大脑和未来工厂建设；打造创新应用的标杆集群和园区，如信息产业特色小镇、智慧城市群；建设高标准市场，推动区域性数据交易市场的确立。打造数字经济产业集群，是长三角地区实体经济再上一个台阶的重要举措，也是抢占国内外产业竞争制高点的战略选择。在双循环新发展格局之下，长三角地区应继续发挥要素资源丰富、制造基础发达、科创能力强、市场潜力大的优势，重新定位自己的使命，目光瞄向国内大循环的中心节点、国内国际双循环的战略链接，为率先形成新发展格局做好示范引领，积极探索走向新发展的路径。聚焦提升数字服务辐射能级、聚焦重点领域和关键科技、完善基础设施网络布局、打破区域壁垒、推进要素资源共享、带头组建长三角创新生态高地。浙苏皖城市纷纷借力上海，加强产业转型升级，大力发展新兴产业、未来产业，集中资源打造高能级、高质量的数字产业集群，在全国发挥"龙头"作用，激活长三角地区助力数字经济的核心引擎，构建更具竞争优势、面向世界、面向未来的现代产业体系。

5.3.3 福建

近年来，福建省高度重视数字经济，积极打造"数字应用第一省"。建立健全省级数字技术应用场景征集、评审、发布、对接、落地工作机制，建设省级数字技术应用场景滚动推进项目库，促进数字技术、产品和解决方案应用和迭代，推动各领域数字化优化升级。加快实施人工智能和区块链技术应用和普及，开展产业培育计划，推广创新成果。建设福建省数字经济相关基础设施主干网，搭建"数字福建"公共服务平台，拓展"链上政务""链上民生""链上金融"等应用，推动福州创建区块链经济综合试验区，泉州、南平、龙岩等地打造区块链产业集聚区。推动第五代移动通信技术在工业互联网、智慧港口、在线教育、远程医疗、超高清视频等领域的应用，开展自动驾驶公交、共享出租车、环卫作业车、物流车等智能网联汽车商业示范应用，促进汽车产业与信息通信技术产业深度融合发展。有序发展"直播+""云逛街"等新业态新模式，建设一批直播生态基地。福建加快建设"数字丝路"，促进数字经济开放合作。加快建设厦门"金砖国家"新工业革命伙伴关系创新基地，深入推进政策支持、项目培育、人才培养、协同创新等领域合作。培育推广数字展览、数字营销、数字文化、跨境电商等数字贸易新业态新模式，加快推进厦门软件园国家数字服务出口基地建设，加强在知识密集型服务贸易出口和技术密集型服务贸易出口领域的优势，恢复疫情下服务贸易增长动能。打造"丝路电商"核心区，深化与"一带一路"沿线国家和地区跨境电商合作，提升福建各跨境电商综合试验区建设和服务水平。推进"丝路海运"信息化平台建设，促进港口、航商、物流企业与口岸信息资源融合，为联盟成员提供高质量商业数据服务。

5.3.4 贵州

贵州省作为一个欠发达地区，近年来坚定不移实施大数据战略行动，紧盯数字经济，聚焦发展大数据产业，吸引了大量人才和资本，实现了产业数字化转型、产业融合、基础设施建设、智慧农业、数字化治理等方面的重大成就，已成为国内外有影响力的数字经济集聚地，更快更好地推动经济高质量发展。2020年，贵州省为加强集群顶层设计，加快产业转型升级,集中力量打造数据中心产业集群、电子信息制造业产业集群、软件和信息技术服务产业集群三个千亿级新产业集群。贵州面对数字经济浪潮,充分发挥大数据发展先行优势,加大数字经济支持力度,力争建设"中国数谷",服务于数字经济与实体经济深度融合,实施"万企融合"大行动,壮大大数据和实体经济龙头企业的同时扶持中小企业进行智能改造;不断深化对外交流合作,打造中国大数据发展重要平台,以数博会为代表吸引了国内外优秀企业和行业权威机构,就全球高端技术研发、数据深海和最新应用展开深入交流,让"中国办法"走出去,把"全球商机"引进来;推进"放、管、服"改革,不断优化政策体制,改善营商环境,完善平台系统和运行管理机制,加强集群内各主体对行业发展趋势、规则标准的协同治理,打造"一云一网一平台"数字政府核心基础设施,推进数据应用,降低中小企业的进入门槛,促进所有经济活动在阳光下进行;积极引进数字经济相关人才,贵州自发展大数据以来不断出台相关政策强化对高科技领域人才的引进力度,引才聚才、选才育才、用才留才,逐步壮大"双创"人才队伍,为贵州深耕数字经济蓝海提供完备的支撑力量。

第 6 章

数字经济与企业管理的重构

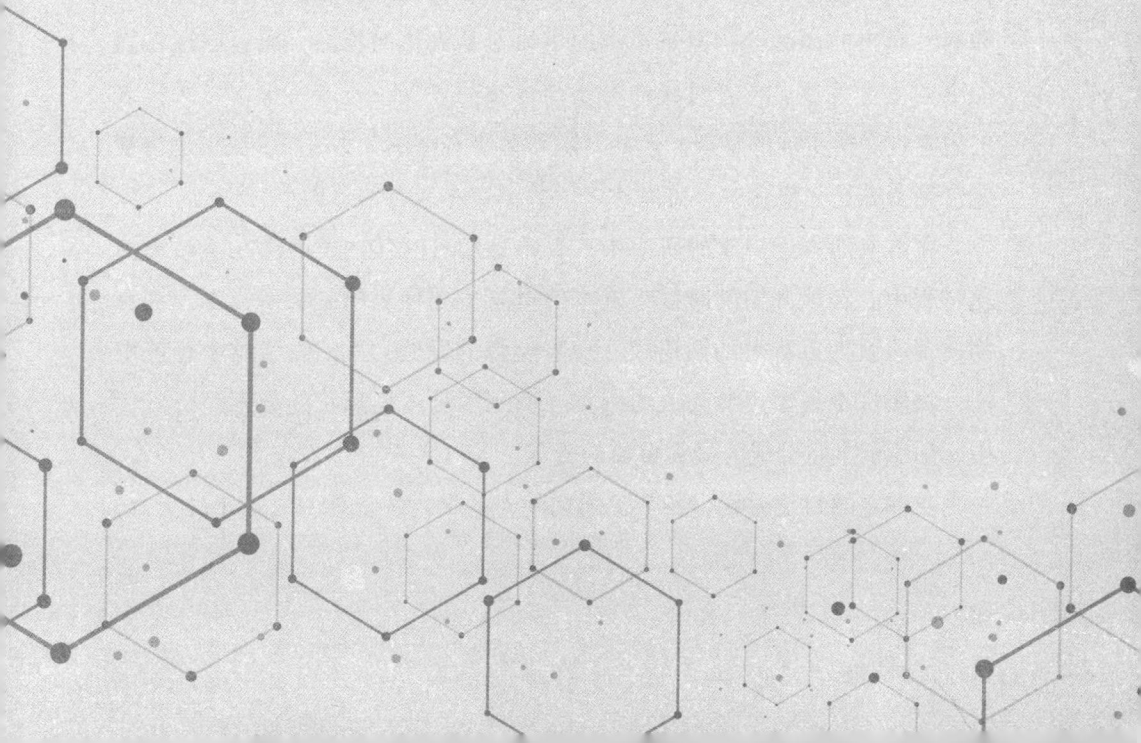

随着数字技术的快速发展与互联网技术的不断迭代演化，全球正逐渐进入一个全新的数字互联、网络互联、智能互联的时代，数字经济这一全新的经济形式已经崛起。在这全新的信息化浪潮中，数据将成为决定经济的最核心生产要素，经济的发展也将从以物质产品为主转向以数据、信息的生产为主。在这全新的数字经济时代，数据作为最核心的要素，将全方位重构现代企业的管理。

6.1 重构物质资本和知识资本的关系

6.1.1 资本的演化

在西方经济学的研究中，资本是经济学与管理学中最为常见的概念之一。而在马克思主义政治经济学的研究中，资本被定义为能够生产剩余价值的价值，该定义揭示了资本主义的核心：资本家对工人无限制的剥削。但是在目前的学术研究中，资本的概念得到了具体化与泛化，其一般代表的是在参与生产过程中的各种有形资本与无形资本。在现实生活中，资本通常表现为具体的物品，如加工机器、企业的厂房、使用的原料、卖出的商品等，但是资本的本质不是具体的物品，而是体现在物品上的生产关系。随着时代的进步与科技的发展，资本所包含、所代表的内容也变得更加的复杂。比如，随着数字经济的大力发展，数据也将被包含到资本这一概念中，可以称之为数据资本或者信息资本。

在古典西方经济学的研究中，资本是随着时代的发展而在不断地演化过程中。在最开始的时候，资本的概念主要代表的是物质资本，拥有物质资本就拥有绝对的话语权。随着经济的发展，人的因素越来越被重视，物质资本逐渐过渡为人力资本，而到了高度信息化的数字经济时代中，知识资本将会成为最为重要的资本。

在古老的封建时代，各个王国之间，各个封建土地主之间比拼实力，往往比拼的就是土地的大小。在那个时代，土地就是最为重要的财富，资本在物质的生产与经济的发展中所发挥的作用远远小于土地，受重视的程度同样远远小于土地。但是工业革命的爆发改变了这一切，蒸汽时代的到来使得土地的重要性被无限削弱，资本开始在各个国家的经济发展中展现出越来越重要的作用。等到了第二次世界大战之后，资本在经济增长中发挥的重要的作用已经被学界普遍公认。

到了20世纪60年代，学界更加关注人力资本在经济增长中发挥的作用，资本的概念被扩展为物质资本与人力资本，并且各个学者对人力资本所代表的概念进行了详细的研究与阐述。人力资本包含人的知识、能力、健康等等一切与人有关的因素，并且逐渐被认为在经济增长与社会发展中所能发挥的作用将会远远大于物质资本。人力资本理论的大力发展也导致了各个国家越来越重视教育的投入，推动了教育事业的快速发展与国民素质的迅速提高。

从20世纪80年代开始，知识资本作为一个全新的资本概念进入到大众视野中。随着学者的不断研究与完善，知识资本被认为将会在国家与社会的经济增长中发挥极其重要的作用，这种作用远远超过了物质资本的作用并且包含人力资本在内。现在随着数字技术的快速发展，随着信息化浪潮的到来，数字经济的时代中，知识资本必将发挥越来越重要的作用。

6.1.2 从物质资本到知识资本

从20世纪80年代开始，数字革命开始兴起，数字经济开始显现。特别是随着近些年云计算、第五代移动通信技术、人工智能为代表的新一轮科技革命等新兴信息科技技术席卷全球，信息技术开始在经济社会中发挥出前所未有的作用。数字经济的快速到来，信息化浪潮扑面而来，人类社会将会更加地网络化、数据化、融合化，在这种情况下，传统工业化时代的企业管理方式方法将会被彻底改变。

在传统的古典西方经济学研究中，经济增长的生产函数早已被广大的学者进行了细致地研究，但是数字经济的崛起将会彻底改变在传统的经济增长中所发挥作用的生产函数，数据将成为创造价值的主要来源。因此对于企业来说，企业管理的重心也将越来越转向如何获取对自己有益的数据并且将这些数据中所包含的有价值的信息挖掘出来。这些获取以及挖掘数据的能力将成为企业与企业之间展开竞争的关键维度。随着各个企业逐渐意识到数据所能发挥出来的重要作用，数据与信息将会变得更加稀缺，通过相关技术获取的数据以及通过这些数据挖掘出来的信息与知识将是难以模仿与取代的，因此也必将成为越来越稀缺的资源。自动化、智能化的机器和信息技术软件将会取代那些重复化的工作，人们可以从事更多创造性的工作。而那些具备创新能力与创造能力的知识型员工将会成为企业价值创造的核心资源，在企业的市场竞争和发展中发挥越来越重要的作用。

数字经济时代的到来将会使得传统的物质资本控制企业的状况开始改变，知识资本拥有者的地位将会逐渐提升到和物质资本拥有者相同的地位甚至超越。中国现代的互联网企业代表阿里巴巴以及其公司内部合伙人制度就是知识资本拥有者掌握企业内部控制权的典型代表。根据阿里巴巴招股说明书中的介绍，阿里巴巴合伙人候选人的规定相当具有弹性，给予了创始团队选任阿里巴巴合伙人很大的自主权。同时，阿里巴巴合伙人有权提名董事会过半数的董事席位人选，并交由股东大会投票通过；如果股东大会否定了阿里巴巴提名的董事，阿里巴巴则有权指定一名临时董事履行董事义务，直至下一次年度股东大会召开时重选相应董事席位。这样一来，阿里巴巴合伙人指定的董事牢牢掌握阿里巴巴集团董事会过半数席位，决定公司的经营事项，而不用担心恶意收购或者股东之间达成一致从而架空董事会，使得公司管理层丧失对公司的控制权。创始团队不再需要拥有大量股权以控制董事会，而是直接通过掌握董事会简单多数人选的提名权和临时董事的决定权而控制董事会，创始团队的持股数量可以远低于同股同权下获得董事会席位所需的最低数量。这不仅便于融资，也构筑了反恶意收购的屏障。对于坚持同股同权的证券市场，如中国香港，这一制度虽然回避了同股不同权的分级股权制度，但仍然无法通过香港联交所的审查，理由在于仅持有公司少数股份的阿里巴巴合伙人可以决定公司董事会简单多数人选，这属于内部人控制的情形，不仅损害大股东利益，也可能损害中小股东的利益。阿里巴巴最终没有改变合伙人制度而是甘愿承担风险，选择在美国这一监管更为严格，中小股东诉讼更为频繁的证券市场上市，可见创始团队对公司控制权的重视。

很多互联网企业还设置了 AB 股制度，也就是"同股不同权"。公司的普通股分为 A 类普通股和 B 类普通股（以下简称"A 类股"和"B 类股"）。除了表决权上的差异，A 类股和 B 类股持有人的权利基本一致。具体而言，每一股 A 类股可以投 1 票，而每一股 B 类股可以投 10 票；A、B 两类股股东通常一起行使表决权，仅当表决事项涉及增加一类股票的数量或者价值，或对一类股票股东的权利产生不利影响时，这两类股股东才会分别行使表决权。当 B 类股股东要求转为 A 类股，或者持有过半数 B 类股的股东同意将全部 B 类股转为 A 类股时，B 类股可以转为 A 类股。同时，绝大多数情况下当 B 类股所有权转移时，B 类股一律自动转为 A 类股。这一设计确保了 B 类股总数不断下降，从而来确保企业在多次股权融资后，即使创始人团队股权不多，也能保持对企业的绝对控制。小米、腾讯、京东、百度等企业都采用了类似的股权结构设计，并且上市。

6.2 重构企业与市场的关系

6.2.1 企业机制与市场运作

所谓企业的经营机制，通常指的是社会中的企业，被看成经济有机体,为了适应企业外部的经济环境和提升自身发展而具有的那些内在功能和特有的运行方式,或者可以被认为是决定企业经营行为的那些内在因素还有相互关系的总称。或者可以说,企业经营机制就是作为有机体的企业,它们经营的各生产要素和环节之间的具体形式和调节方式,同时借分工与协作关系来相互作用、相互联结、相互制约,而且企业在收到市场、国家发布的宏观政策等外界信号后,企业内部功能发生一定的反应作用,从而使企业会自主协调自身行为,这可能会导致企业经营运行产生所谓的必然倾向性。这些企业经营机制常见的有动力机制、约束机制、运转机制等各种类型。

从上文分析可知,企业动力机制的实质即是通过设定某种经济利益机制,去充分地提升企业职工的积极性、主动性和创造性等。而要实现全民所有制的这些企业动力机制的建立和改进,需要处理好两个方面的经济利益关系。首先是要解决企业资产所有者同企业经营者及相关生产者之间交错的利益关系。第二点需要正确处理企业的经营者和生产者之间的利益关系。并且需要通过此二者间层次利益关系的协调来解决好国家、企业、职工三者之间错综复杂的物质利益关系,从而去使企业与职工的积极性得到充分的调动和增加。在企业的发展过程中,为了能够在竞争环境中一直生存下去并且能够得到长足的发展,企业就必须要对自己的行为进行调整,来适应各种外部条件的变化,因此企业的约束机制就会在此时发挥一定作用。所以企业的约束机制大致会在两方面发挥其作用,

第一方面是会在企业的内部发挥一定作用,这方面囊括了企业的预算约束、财务审计约束、纪律责任约束等等许多个方面;第二点是可能会在企业的外部发挥明显作用,这个方面包括了合同约束、市场约束、甚至还有部分行政约束等。

我们所说的企业的运转机制一般是在企业内部发挥作用,从而导致企业的供应、生产、销售等经营活动顺利进行和运转的机制。为了保障

企业能够正常的运转，必须要努力建立更为完善的运转机制，一般需要做到以下几点：首先要精准地选择并认真设计企业自身所有成体系的经营管理相关制度，从而付出努力去完善组织自身的机构，努力优化自身决策体制；其次是要提升企业对内部的生产资料、资金、技术、信息等许多方面的运营管理能力；另外还要提高企业对相关的外部市场，包括某些信用条件以及金融政治信息等变化的应对能力；最后还要提高企业在市场竞争的表现，保证自身可以在市场经营中保持长盛不衰的态势。

经济学中的市场机制是指企业借助市场竞争来实现配置资源的办法，也就是资源如何在市场上借助市场的自由竞争以及自由交换去达到配置的机制，这也是价值规律的具体实现方式。

市场机制的主体是供求机制。因为供求可以连接生产、分配、交换、消费等许多环节，它是生产者与消费者关系的一个重要反映和体现。在这其中，供求运动，作为市场内部矛盾运动的重要组成部分，也是运动的核心所在，其他要素的变化均需要围绕其延伸并进而展开。任何一个企业集团的萌生和成长，都或多或少会受到所谓供求机制的限制和影响。所以企业不仅作为市场供应者，还是市场重要的需求者。企业可以充分了解并依据市场需求来针对性调整企业长短期的经营方向，在这其中，企业的战略、产品以及营销策略等是企业可以抓住机遇，逃开威胁的重要组成部分。

在这个市场竞争的长期过程中，市场中存在的错综复杂的供求关系和商品价格的调整变化之间会有联系密切的运动，这就是我们所说的价格机制。价格机制可以把供求关系与市场价格结合到一起，并使用市场上的价格信息对生产、流通与经营活动进行调节，从而达到市场上的资源最优配置。

竞争机制通常是市场上各个经济行为为了主体本体的利益，他们努力展开参与激烈的竞争，在这个过程中形成的经济体系内相互之间的联系和作用机制。而风险机制是自由市场上，与企业盈亏和破产等情况之间相互联系和影响的一种特殊机制。

作为工业革命后特别重要的两种社会机制创新，市场机制与企业运转均极大地推动了人类社会的发展和进步，但是这两者之间存在本质上的区别。首先体现在如何得到信息、信息如何在市场中实现不同流动、信息如何作用于最终的决策。在过去的很长一段时间，关于企业进行组织的形式和如何运作采取的方式，这些方面都进行了大幅度地调整和改进，但企业内部进行集中协调和控制的组织属性在本质上并未发生根本变化。

6.2.2 从泾渭分明到互相融合

数字经济的到来将会彻底打破传统的市场与企业之间的界限，市场与企业之间的边界将会模糊化，两者将会进一步地融合。第一，互联互通的模式和海量数据的产生很大程度上避免了市场机制失灵的出现。在日常经济生活中，市场机制通常是有效的，会正常地发挥作用，但是当完全竞争性市场所要求的某些条件无法得到满足时，市场失灵现象也是常常出现的。现代市场经济理论重要的一个论述是，市场失灵会分为外部经济和外部不经济两个方面，也会被称为正外部性和负外部性。这个方面是指某个不以借助市场媒介的主体生产和消费商品或服务对其他个体的额外影响。由于"市场中性"，具有外部性的产品的价格是一个不完全、甚至是扭曲的市场价格。这是一种市场失灵的状态，造成这种状态的原因是由规模收益递增的特征所决定的。自然垄断，它排除了充分竞争，破坏了资源的帕累托效率配置。市场经济行为主体的独立性和分散性，使得在任何时间、任何地点都不可能出现垄断。同时企业不可能永远可以获得完全信息，这会造成市场活动出现盲目性。所以下列情况很常见，交易的一方拥有完全信息，而另一方处于不确定的环境中，不具有完全信息，比如商品的消费者无法实现完全了解商品，所以无法实现效用最大化。但随着数字技术的快速发展，市场各个主体参与者获取信息，进行交易的成本会明显下降，在这个时候，市场机制的协调能力可以得到大幅的提高，这极有可能会促进经济的大幅度增长，并且会使经济增长实现更有效率，更少浪费，并且可以实现更持续。

第二，现代信息技术可以在某种程度上节约交易中由于信息不对称引起的相关费用。现代信息技术的快速发展和广泛普及应用，实现了便捷的交流信息与交换信息的方式，进而使得行业内的经营者能够更加了解彼此，缓解了不同企业文化导致的冲突。此外，在企业之间的市场交易中常常存在着一个问题，即如何判断合作伙伴贡献大小的问题。这个问题在以前往往难以进行解决，需要合作双方进行不断的博弈谈判，归根到底是由于劳动贡献问题难以进行判断，但是现代信息管理技术可以帮助企业更加方便地进行交易时的计量从而解决这个问题。现代信息技术所提供的相关监督手段正在逐渐取代分级组织的监督和控制，组织本身也依靠先进的技术去开发更成熟和完善的市场主体，它也提供了更方便的处理对象。组织之间就可以发展有效的市场交易关系，这种交易关系就会取代组织内部的等级关系。

第三，随着数字经济的崛起与信息技术的快速普及与应用，各种新兴的组织形式可以应用高新技术实现成本的减少。现在第三方物流行业蓬勃发展，第三方物流公司为企业提供专门的物流服务，承担企业原来的运输、仓储等环节，使生产部门只从事核心业务，这不仅降低了成本，同时也提高了竞争力。从整个经济运行过程来看，每个生产环节都越来越专业化、高效化。这种脱离一定生产链的组织模式将降低直接生产成本，提高社会效率。因此，先进的生产技术、信息技术和管理技术将为各种组织的重组提供一个前所未有的机会，传统的生产供应链将会被先进的信息技术所改变，各个企业将会根据自身的情况更加深入地参与到整个供应链活动中，提高整个生产链、供应链的效率。这种企业与市场之间替代与被替代关系的变化，指的是由企业代替市场向市场代替企业的转变，这种变化也会成为企业组织模式的发展趋势，同时也是资源配置方式的变化。

第四,"互联网+"技术的快速发展与迭代,大量数据和信息资源导致市场机制进一步渗透到企业中,这种情况会导致企业与市场的边界开始被打破。所以现在越来越多的企业组织个体开始通过大数据应用建立其自身内部市场交易机制。不仅有行政命令,企业内部的环节和成员也可以去依靠内部的市场交易机制来实现。内部市场机制理论最早出现于20世纪60年代的美国。随着许多学者对这一理论的探索,企业内部市场机制理论的发展也逐渐完善和成熟,内部市场机制也逐渐开始应用于企业内部。在内部市场机制的作用下,企业内部各个部门将被视作一个单独的经济主体,内部部分可以履行自己的任务为整个企业总体服务,同时又保有自己单独的权力。通过这种方式,企业的每个部门执行自己的职责,管理自己的业务和会计并进行单独的财务表现核算,这将有利于形成企业内部的竞争和合作的情况,有利于提高企业的经营水平,提高其在整个市场的竞争力。随着大数据技术的快速应用,内部交易机制在数字时代得到了充分发挥。海量数据正在瓦解企业集中统一指挥和组织的特征,企业呈现出一部分是企业,一部分是市场的新特征。

6.3 重构企业与用户的关系

6.3.1 个性化响应

在传统的工业化时代,企业与用户往往是分离开的,两者仅仅通过购买与出售产品而发生关系,但是数字技术正在改变这一状况,不断拉近企业与用户之间的关系。随着社会的发展和生活水平的不断提高,人们的需求越来越个性化、多样化,越来越追求具有个人特色的产品和服务,体现个人喜好,甚至追求新奇,而满足他们个人需求的要求也越来越高。在现代的市场环境中,用户与消费者往往可以被划分为机构用户与个人用户，虽然两者存在很大的差异，但是两类用户对于个性化，独特化，更加贴近自身的产品的需求同样要求越来越高。为此，企业必须贴近用户，通过各种信息技术去挖掘客户的需求，甚至需要比用户本身更加了解用户的需求，从而根据不同用户的差异提供匹配的个性化响应。可以说，在数字经济时代，更加地以用户为中心将是未来企业的最重要的主题。

要针对不同的机构用户与个人用户提供精准的个性化服务，企业必须掌握两点：一是如何通过数据充分挖掘用户的需求；二是合理设计自身所提供的服务或产品。挖掘用户需求意味着为用户提供他们想要的产品和服务。首先，企业需要进行快速而大量的数据搜集；其次，需要利用搜索的用户数据对用户进行精准的用户画像，根据各个用户不同的画像标签将用户划分成不同的类别，从而针对不同类别的用户设计针对性的服务。在这个步骤中，企业的个性化服务能否实现，将主要取决于用户的核心数据能否被成功地搜集到。个性化需求划分单元可以大也可以小，大到一组需求相同的客户，小到每个用户就是一个个性化需求单元。但是企业同样需要考虑成本问题，过于分散的个性化服务或者产品将会增加企业提供服务或者生产产品的成本和管理的复杂性，因此有必要对个性化服务进行合理地控制和设计。公司需要考虑他们在用户中拥有的数据，并需要计算成本和收益问题。

总之，企业想要实现个性化服务或产品主要有以下两个难点：一是获取的数据是否可靠，二是管理成本的可控性。具体来说，个性化服务或产品设计最重要的部分就是对关键数据的获取与挖掘分析，如果数据搜集和分析有误，那可能会给企业带来很严重的后果；同时个性化服务会导致各种成本的增加，比如数据搜集成本与数据管理成本。所以在以往，个性化服务的提供往往只能针对某一类具有相同特征的消费者群体，而非每一个消费者，同时必须考虑企业实际的投入成本和预期的收益回报能否达到平衡。

但是随着数字化时代的来临，随着数据处理技术的快速发展，为每个消费者量身定制的个性化成为可能。企业在数字经济的时代去实现用户的个性化响应，通常需要以下四个步骤：第一，搜集海量用户数据。企业过往所拥有的用户数据对于企业来说就是一座巨大的金矿，但是企业能否从这座金矿中挖掘出黄金就是最为关键的。第二，挖掘有用的核心数据。从原始的用户数据中挖掘出来有用的，对企业业务决策可以提供支持的信息，就是数据挖掘。数据挖掘通常需要专业的数据挖掘公司或者雇佣专业的技术人员来操作，一般除了互联网企业外的普通企业很难具备这样的专业能力。那么，企业就需要权衡是否聘用专业人才来进行操作。第三，数据驱动市场决策。数据挖掘出来的信息需要最终应用于市场决策后，企业需要对应用结果进行总结。有用的信息被挖掘出来应用于某个细分市场之后，企业还需要根据相应信息制定有针对性的营销策略。第四，维护数据。对数据驱动的决策方案的执行和实施以及后续服务，进一步考验企业的管理与应变能力。同时企业在将信息应用于决策之后，还需要对相关数据进行维护以及用户数据的进一步搜集与更新，以不断进行决策和产品的迭代。

6.3.2 从买卖博弈到共生共赢

信息技术的快速发展以及互联网的迅速普及，海量用户由此获得了使信息快速传播的有力工具，这从根本上改变了工业化时代企业与用户之间的信息不对称。如今，现代的用户在许多领域都有自己的一整套选择。在许多情况下，客户在饱和的市场环境中会尽可能让自己感到舒适。互联网为用户们举办各种各样的活动，用户可以通过这些活动进一步的了解产品和公司，并且可以通过这些机会与其他已经拥有相关产品或者体验过服务的顾客进行交流。与以往的客户与公司关系相比，现在的客户有了一种新的影响力，这种全新的影响力与客户关系是由互联网与新媒体带来的。信息技术的出现允许每个人对产品、服务给出详细的反馈。

而对于所有其他市场参与者来说，个人发布的意见也是公开可见的。互联网的"病毒式"效应，即社交网络能够以难以想象的速度将每个人的观点传播到更加广阔的领域。这使得某个社区或者论坛能够在尽可能短的时间内形成对一款产品甚至整个公司的意见，并通过群体动力（趋势自治）使自己更具普遍性。然而，这也适用于另一种情况，当人们对一种产品有负面印象时，由于互联网传播相应的信息，公司在市场上的影响力和信誉就被很大程度上削弱。这也是信息技术和互联网带给个人的权力时出现的一种可能性。

　　随着企业与用户之间信息不对称的变化，企业和用户都变得更加透明。如今，客户导向越来越重要。与客户影响力相关的策略，还必须考虑一个更长远、更重要的方面。随着信息技术的快速发展，企业通过互联网传递给客户的大量信息并不一定都会产生正向作用，在很多时候这些信息反而会发挥相反的作用，企业会因为这些大量的信息变得更加透明。随着现代通信技术的介入，在透明的企业面前，客户也是透明的。对于企业来说，互联网不仅可以让企业对顾客有了更多的了解，提供更加个性化的产品，而且将会使得企业更加要以客户为中心。信息的快速传播使得顾客在评价一个企业，与企业互动、决策时有了新的选择权和决定权。这种用户所拥有的新的权力会使企业在顾客隐私保护或产品服务质量上忽视客户利益时，得到市场的惩罚。因此数字经济时代，信息技术将会完全重塑企业与用户以往分离的状况，企业将会主动将用户带入企业价值链的创造环节，让用户参与研发、生产、销售的全过程，这要求企业与用户保持近乎实时的互动状态。今天，产品交付并不是企业与顾客之间关系的结束，而是厂商与用户互动的开始。通过各种数字化技术，整个企业的运营和管理体系将真正实现以用户为中心，企业的资源配置和组织机制将由用户的体验和偏好决定，从而构造企业独特的竞争优势和核心竞争力。生产者与消费者的界限将被打破，企业与用户的关系将从工业时代的商业博弈转变为共生共赢的生态关系。

6.4 重构企业与员工的关系

6.4.1 以人才为中心

由于数字经济的快速崛起，员工将会更进一步地推动企业价值创造，并且成为企业价值创造的主体。只有当员工的生产力和创造力能够得到进一步发挥与释放时，企业才能创造出新的社会价值与顾客价值。因此在数字经济的时代下，那些能够掌握技术、专利等专有知识资源的人才是各企业抢夺的重要资源。将传统的企业与员工之间单纯的就业雇佣关系转变为利益息息相关的企业共同拥有与治理关系，充分调动不同员工的主观能动性，成为企业招聘人才、雇佣人才、留住人才、从而实现企业可持续发展的重要手段。企业中员工的地位会越来越高，并且员工们参与公司治理和管理的权利越来越受到重视。企业开始重新审视和规划职工与企业的关系，传统的"雇佣关系"开始瓦解与改变，"合伙关系"开始兴起。一些公司正在逐渐建立以知识为中心而不是以权力为中心的组织，越来越多的员工被纳入公司治理的机构中。企业所有者通过物质激励（如股权）给员工一定比例的股份，使员工能够参与公司治理；或者通过建立管理机制和企业文化，让员工积极参与公司治理；或促进与开展内部创业活动，为员工提供创业梦想的平台和资源，让员工和企业共同创造双赢局面。

6.4.2 从雇佣关系到共同治理

韩都衣舍就是一个典型的企业与员工关系转变的案例，其构建起来了一个产品小组。这个产品组被用来激发员工的创造力。每个产品组有四个人，一个是组长，一个是产品设计师，负责进行公司的产品品牌定位；一个人负责产品推广；一个是商品销售员，负责整个产品供应链的组织。这样的产品小组集合公司的研发、销售、采购三者合一。小组本身会成为最为核心的运作单位和基本的治理单位。小组的权力包括：衣服的款式、颜色和尺寸的选择与设计，决定价格，促销活动的开展与复盘，决定折扣的速度和程度。这五项权力基本上是传统服装企业中老板的所有权力。此外每个小组的组长也有分配奖金的权利。与一般服装企业中员工完全听从老板的指挥和命令不同，员工基本上掌握了传统企业老板的所有权利，并有权治理自己的产品小组。这样的员工会参与公司产品设计与公司治理，大大激活了员工的主观能动性和积极性。

6.5 重构领导与员工的关系

6.5.1 领导方式的改变

在传统的工业化时代，企业组织是部门化、等级化的，强调以分工为基础的集中指挥，领导者通常是通过层层选拔进行的任命，其职位高度稳定，掌握着重要的企业权力。因此，传统领导强调领导者个体对追随者的影响和转化，突出的通常是英雄式的领导。员工处于服从和跟随的地位，难以激发主动性和创造性。

随着数字经济的到来，企业管理的核心是激发个人和整个企业的创造力，团队尤其是跨职能的团队将会逐渐成为企业的基本工作单元。此外，快速变化的用户需求同样带来了领导者任务的转变，这要求领导者在层次结构中均匀的上下分散。在决定什么是有意义的，什么是能够真正产生价值的，什么样的变化需要适应，什么是有效方向的过程中，组织成员形成了一种互动的伙伴关系，没有正式的领导者，所有组织成员的互动都是一种领导形式。

6.5.2 从垂直指挥到平等赋能

"互联网的等级制度是很自然的，因为它是基于你创造的价值。"加里—哈默说。因此，企业必须重新审视并改变企业中领导与员工的关系，员工与员工的关系。领导者需要思考的是如何在企业中建立一个分享价值的平台或者直接将企业变成一个这样的平台,从而使得企业具有开放的属性,能够为个人创造一个创新的氛围。这样企业中的每个员工需要依托组织的平台来释放自己的价值。聚集不同的员工不同的智慧而产生的平台会使企业更有能力控制不确定性。领导者的核心工作就是保证企业能够及时适应环境的变化,因此领导者与员工的关系将会从控制与被控制转向服务与被服务,从控制、决策、激励等传统职能转向构建激发个人活力和创造力的机制,并提供资源支持和服务。

  企业中的管理机制应当开始关注如何激发"人的创造力",从以"激励"为核心转向以"人的创造力"为核心。过去,企业中人与人之间的汇报关系和协作关系是基于工作角色和工作责任而建立的,不是基于行政级别,不是通过相互监督和平衡,而是通过相互信任和相互承诺来建立起来。因此,在数字经济时代,领导者和被领导之间的关系应该从垂直的指挥命令转变为平等、支持和授权。组织中的每个成员都被认为具有合适的知识和解决问题的能力。决策不再是高级领导人的专属领域。领导者对被领导者的作用将变为支持、服务和授权。领导者和员工相互合作,相互授权,企业的价值才能够被最大化。

第 7 章

数字经济与消费数字化转型

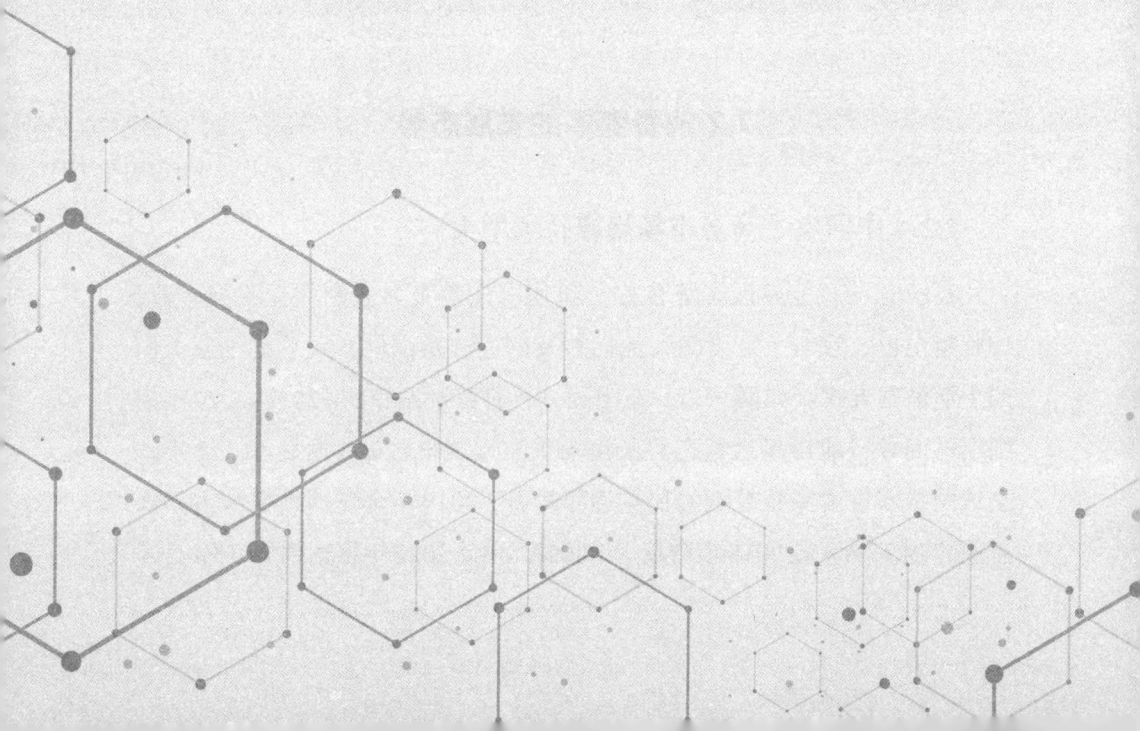

7.1 传统消费向数字化消费的转型

随着一系列数字技术的兴起，消费方式也发生了众多变化，主要总结为三个方面：第一，消费不再受空间、时间的限制。以前的消费往往是线下现金交易，或银行卡、支票等的转账，前者限制了空间，只能在本地、附近区域消费，而后者往往有较为烦琐的步骤。如今微信支付、支付宝等新兴应用的诞生，配合淘宝、天猫、京东等线上电子商务平台，加之越来越便捷的物流服务，极大程度上打破了人们消费的空间限制。同时，电子商务平台往往有预购等购物模式，也打破了消费的时间限制。在疫情期间，"电商抗疫"也体现出了当今消费方式的转变对于社会的积极意义，消费方式的转变在疫情中能够减少人的相互接触，同时配送不减速，为抗击疫情做出积极贡献；第二，人们消费的不仅仅是物质产品，更增加了数字化产品，例如电子书籍、游戏皮肤、网站会员等，这与人们的需求改变也有关，人们不仅仅追求物质享受，更注重精神享受，因此数字化产品的消费也成为消费的重要组成部分。第三，消费方式更加多元、趣味、创新。人们购买物品不再仅仅是钱货交换，而更加注重社交、趣味性，例如"双十一""双十二"中各类促销活动等。

7.2 消费变革的发展态势

7.2.1 中国电子商务市场规模持续增大

我国电子商务发展态势良好，涌现出许多实力强劲的互联网企业，如阿里巴巴、京东、百度等，他们涉及的业务范围广，且总能创新人们的生活消费方式。如网约车、花呗等。智研咨询发布的《2021-2027年中国电子商务行业市场运行态势及市场供需预测报告》数据显示：近年来全球网络零售占零售总额的比重逐年攀升，2019年全球网络零售占零售总额的14.12%，较2018年增长了1.90%，预计2020年将达到16.13%，未来几年将继续保持增长趋势。电子商务在我国消费方式中占据越来越大的比重。

7.2.2 数字经济驱动居民消费增长明显

根据尼尔森发布的一则报告显示：随着移动设备的普及，智能手机成为消费者首选的购物设备，消费者认为"无现金"的购物模式更为便捷。同时移动互联也催生了共享经济的发展，"共享单车""共享充电宝"等新兴经济也更加便利了人们的生活。人们对此类新型消费模式依赖性增强，同时这类消费模式往往采取无现金的方式，极大地便利了人们的消费，从而驱动了居民消费增长。

7.2.3 数字经济推动我国跨境电商快速发展

数字经济的发展与国家政策的扶持让我国跨境电商快速发展。我国企业在世界的影响力逐渐增大，吸引了大批国外网购用户；同时随着物流等配套设施的完善，国内外跨境电商得以顺利高速发展。市场驱动力推动了我国跨境电商的发展。阿里巴巴等互联网企业积极开拓国外市场，一方面提高了企业的全球定位，另一方面也为我国跨境电商的发展做出贡献。

总体来看，在数字经济的带动下，我国居民消费在市场规模、消费总量、产消协同、跨境电子商务等方面呈现强劲势头。这些繁荣的经济趋势显示出其内在的发展特征。

7.3 数字化转型消费变革的特征

7.3.1 数字经济逐步促进市场下沉

数字经济新业态使得城乡居民消费差距不断减小，进一步挖掘了农村居民消费潜力，市场下沉已经成为数字经济时代消费的发展趋势，三四线城市以及农村居民消费能力逐步增强。《2020年中国消费者调查报告》显示：居住在生活成本较低的二线城市的年轻群体对中国消费支出贡献巨大。同时在三四线城市，消费者数量也快速增长。2010年至2018年，三四线城市中，年可支配收入达到14万至30万元人民币的家庭年复合增长率达到38%，高于一二线城市的23%，这些较富裕家庭占到三四线城市人口的34%以上。电商平台的崛起也推动了低线城市富裕年轻人增加消费支出。

7.3.2 数字化转型消费配套环境不断完善

（1）平台体系

不同种类、功能的电商平台不断增加，能够满足消费者多样性的消费需求，提高消费体验感与商家服务质量。

（2）支付支持

微信支付、支付宝等支付方式的出现，为消费者提供"非现金"交易的便利消费模式，进一步促进了数字经济的发展。

（3）政策环境

数字经济是一种新兴经济模式，在发展过程中，我国政府针对相关问题配合我国国情颁布或完善相关法律法规，保障消费者合法权益，规范市场环境。

（4）物流配套

我国物流发展迅速，利用多种交通工具，在全国形成物流网络，实现城乡连接、迅速到达，且菜鸟驿站等快递站点的建立也进一步规范了物流最后一公里，为电子商务提供良好的支撑力量。

7.3.3 消费者个体特征及表现

7.3.3.1 网络消费趋于个性化与特色化

与实体经济的传统消费模式相比，数字经济下的网络消费具有自主化、个性化、多样化的特点。在数字经济背景下,城乡消费者可以对自己的网络产品进行个性化、多元化和多样化设置和选择,数字经济模式能够满足城乡消费者的特点和多样化的个性化需求,消费者尤其是年轻消费者更喜欢个性化消费。因此,个性化消费的新特点、特色化和多样化不仅可以实现城乡消费者的个性化,而且可以为数字经济的发展开拓更多的消费市场和消费群体。

7.3.3.2 数字化消费的边际效应

由于数字化消费的产品往往是信息、科技等具有网络效应的产品,因此在销售数量增加时,其边际效应更高,同时由于信息具有可复制性,往往成本更多在开发研制方面,因此复制成本低廉,及边际成本会保持不变或下降。

7.3.3.3 居民消费结构优化调整,消费品质迭代升级

随着我国经济实力的增强,居民消费不再仅仅满足于物质、食物,更注重精神享受,其消费结构得到进一步优化调整,也不仅仅关注价格,更加注重质量、内容创新性等等,其消费品质迭代升级。如今数字化消费追求内容创新、高质,能够满足居民高质量、优结构的消费模式。

7.4 新冠肺炎疫情对数字经济消费的影响及对策

2020年初,全球疫情暴发,受多项防控措施影响,如减少出行、高铁停运、避免接触等,我国经济发展、人民生活等诸多方面都受到阻碍。在这种背景下,数字经济消费体现出了其独特的优势。

7.4.1 不同类型的数字经济消费所受影响呈现两极分化

疫情期间,各类数字经济消费平台通过提供免费服务或疫情期间特殊服务,一方面承担了企业的社会责任,另一方面极大增强消费者黏性,吸

引大量新增用户。例如《囧妈》在今日头条系列平台线上首映、拼多多提供疫情期间服务等。另外，信息类消费显著增长：游戏、小说、漫画等的销量呈上升趋势。如腾讯旗下的《王者荣耀》，2020年1月24日（大年三十）当天流水达20亿元左右，远超2019年同期的13亿元；网易的《阴阳师》《荒野行动》《平安京》等游戏在春节期间下载量也位居前列。

但出行相关的在线旅行社（Online Travel Agency）消费平台却面临严峻考验。一方面，疫情期间消费者出行意愿下降；另一方面，企业需履行退改签责任，资金损失严重。众多预订平台均接到大量的旅游相关服务退改签需求，多家在线旅行社垫资已达数亿元规模。

7.4.2 新冠肺炎疫情下数字经济消费模式新机遇

经过这次疫情最严重时期，数字经济消费供给端用户触达能力、技术支撑能力和资源整合能力都得到进一步提升；消费者的消费习惯也逐渐养成。疫情之中，电商平台的存在为疫情对消费的冲击提供了缓冲效果，线上授课、远程办公等极大地减少了疫情对人们生活的影响；线上娱乐也成为人们隔离期间消遣的重要方式。疫情过后，由于这次疫情之中各种创新性线上消费得以被公众接触并广泛使用，积累了用户，为自己将来的发展奠定了基础。

7.4.2.1 数字经济消费群体增加

疫情期间，各大平台通过提供免费快捷便民的服务，吸引了大量用户。《消费型数字经济图谱白皮书》显示，数字经济的消费者原本年龄层次较为局限，且呈现出分级分层的态势。从年龄上看，中老年对于数字经济使用率较低，大多为青年人在使用，但在此次疫情下，无论年龄还是消费的方向都产生了一定的变化。同时消费群体在逐步增加。尤其是年龄较大的人群也开始重视数字经济的消费，使得居民整体数字消费水平升级。

7.4.2.2 创新型线上模式大范围推广

疫情隔离居家期间，为了满足办公、教育、医疗的需要，众多平台创新型服务得到大量采用，如雨课堂、中国大学慕课（MOOC）、腾讯会议等，由于大量的人们使用，他们的服务器、功能模块等迎来大规模考验，为了适应人们的需求，他们大多进行功能、服务器升级，从而提升服务质量。经过此次疫情，这些原本新型功能变得更加成熟。

7.4.2.3 电商平台扮演着消费中平衡供需的重要角色

在疫情期间，由于社区封闭管理等，居民转而线上购买物资，电商平台凭借其快速、直达的物流服务，以及少接触的优势，在抗击疫情期间发挥了重要作用。京东平台依靠其成熟的物流模式，与各厂家合作，实现物资快速到达。京东、拼多多等电商平台在疫情期间推出多种方式运送物资、支援抗疫，同时前置仓库更为物资及时到达发挥重要作用。这些企业在疫情期间的抗疫措施，体现的企业的社会责任感，同时也进一步提高了企业的知名度，提高了用户的黏性。

第 8 章

数字经济与贸易新业态

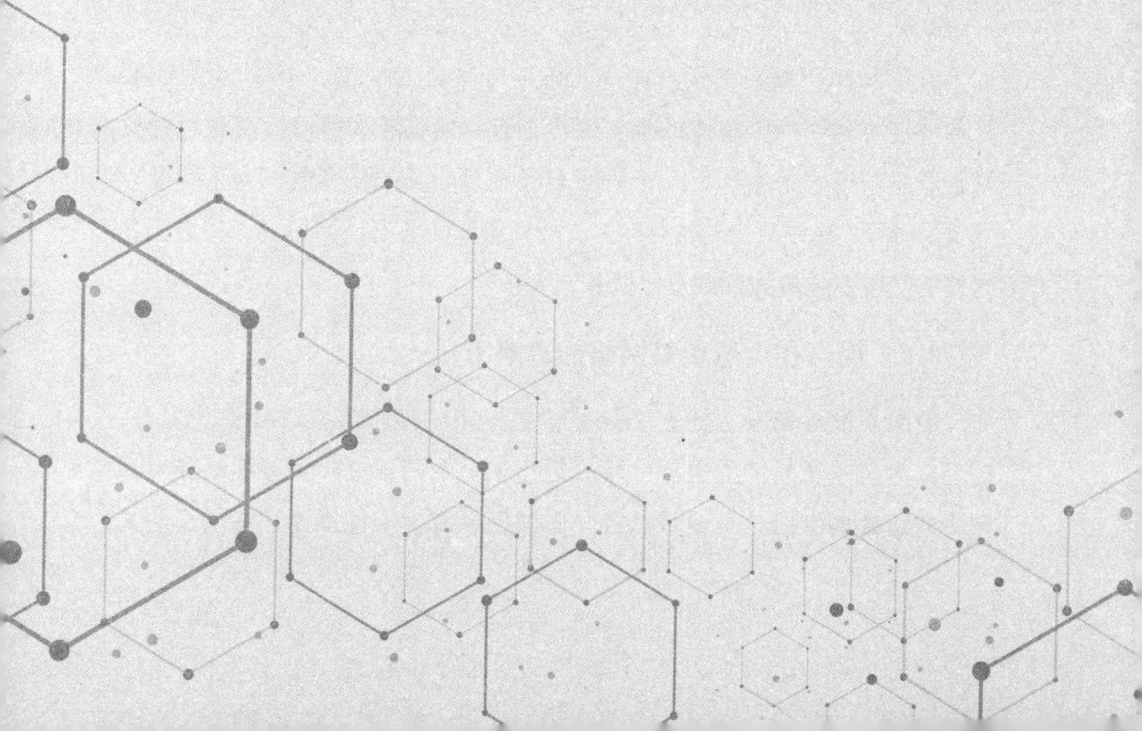

8.1 发展高端数字化贸易业态的必要性

8.1.1 拓展对外贸易的业态模式

习近平总书记在十九大报告中强调"拓展对外贸易,培育贸易新业态新模式,推进贸易强国建设"。贸易新业态在一定程度上可以加快促进对外贸易供给侧结构性改革,扩大在国际市场上的竞争优势,成为提升开放型经济水平的重要渠道。

目前,一些高端数字化贸易业态已经出现。比如,跨境电子商务得益于数字贸易不受时空限制、低成本、差异化和个性化的特点,开始显现出其新贸易业态的优势,为我国对外贸易在全球化贸易的激烈竞争中的可持续发展又开辟了新路径。其次,发展高端数字化的贸易新业态,扩展了中国进入国际市场的机会,优化了资源配置,促进了国家之间的互利共赢。最后,发展高端数字化的贸易新业态也深刻的改变了我国的贸易生态,同时数字贸易的发展也在引领全球的商业变革,使得全球贸易在业态、流程、体验上都在发生根本的变化。数字贸易是新业态和新模式发展的新引擎,未来对外贸易将朝着更开放化,高端化和集成化的方向发展。

由于2020年新冠疫情对全球价值链带来巨大冲击,全球贸易低迷,外部环境不利,中国整体的外贸形势下行,面临较大风险。培育对外贸易新业态新模式是中国下一个阶段对外贸易增长的新动能,为了实现对外贸易继续"稳中有进"的目标,支持和培育新业态、新模式,将成为我国外贸发展下一步的重点工作任务。

8.1.2 提高在全球贸易网络的影响力

中国是世界贸易大国,在全球价值链中的地位也在逐年稳步上升,已经成为全球贸易中的重要一环。近年来,中国正逐步从国际服务贸易网络的边缘地带向核心地带过渡,中国已经成为推动世界经济增长的关键力量。发展高端数字化贸易业态将进一步推动中国进出口贸易和国际服务贸易的纵深发展,有效提高中国在全球贸易网络中的影响力。

高端数字化贸易业态使交易各方能够通过互联网和信息技术快速完成交易,并且交易双方可以不受时空地域限制进行直接联系,降低贸易流程成本,提高贸易效率以及中国在国际贸易、服务贸易网络中的价值和竞争力。在传统的国际贸易中,由于外部市场结构和内部企业核心能力、可利用资源等因素,中小微企业没有能力、没有合适的路径进入国际市场,因此他们在国际竞争中处于劣势地位。而数字贸易模式下,中小微企业可以获取数字贸易平台收集的贸易信息和消费者信息,对企业的发展战略以及产品服务进行指导,以此满足消费者需求,而且可以利用数字贸易平台直接抵达消费者。数字贸易为中小微企业带来了更加公平的竞争机会,推动中国的中小微企业参与到国际竞争中,并扮演重要角色,全面提升了中国在全球贸易网络中的竞争力。以数字化赋能货物贸易和服务贸易,形成一个以中国企业为首的融合数字化制造和数字化现代服务的面向全球的国际化产业架构,发展高端数字化贸易业态对于中国数字经济的发展有着重要的战略意义。

8.1.3 贸易大国走向贸易强国

近年来,中国对外贸易由于全球贸易环境及国内条件的限制,贸易增长速度放缓,对外贸易发展进入瓶颈期,传统的外贸产业已经进入负增长时期,亟须找到新的商业形态来带动。中国的商品贸易规模和交易量居世界第一,服务贸易也居世界第二,已成为世界上真正的贸易大国。但是,从贸易大国向贸易强国的转变仍然需要更多的探索和创新。数字贸易的发展为中国早日实现贸易强国的目标带来了机遇。高端数字化贸易业态例如跨境电商与国际经济形势相符合,中国利用跨境电商平台与世界上各个国家进行贸易已经是大势所趋,未来数字化贸易业态将在全球外贸市场占据重要地位,为低迷的外贸市场带来生机与活力。如商务部研究院学术委员会副主任、分区域经济研究中心的主任张建平说:"从贸易大国蜕变到贸易强国,创新是不可或缺的重要元素。依靠创新,一方面可以推动新兴产业发展、另一方面也可以提升中国品牌影响力,也能为传统产业的升级提供有力支撑,这些恰恰都是贸易竞争的新生优势所在,对快速推进贸易高质量稳健发展至关重要。"数字经济形势下,要发展高端数字化贸易业态,着重强调培育贸易新业态和新模式,稳步推进贸易强国建设。全力支持大数据交易、跨境电商、数据中心化等数字贸易高端新业态,促进创新服务贸易发展,带动传统产业进一步转型升级,不断激发对外贸易增长的新动力,实现由外贸发展大国到外贸强国的转变。

8.2 跨境电子商务

8.2.1 电商法背景下的跨境电商发展

8.2.1.1 中国跨境电子商务发展概况

1. 进出口交易规模持续增长,出口占主导

据公开数据研究显示,电商法的实行及一系列跨境电商新政策的出台将进一步推动中国跨境电商良性健康发展,总进出口贸易规模将会持续增长。2019年我国跨境贸易产生经济贡献值已经达到10.8万亿元,该贸易规模同比增长18.68%。

从进出口结构层面分析,我国跨境电商仍主要集中于出口业务,但是随着近年来国内消费升级加速,消费者对高质量产品的需求也愈发强烈,"品质消费"成为主流消费观,也影响到了跨境电商行业,我国跨境电商交易总额中的进口部分占进出口总额的比例不断提升。

2. 跨境电商平台崛起

随着互联网应用加深,跨境物流运输效率的提升,海淘方式更加便

利,海淘凭借其特有的价格、产品等优势,近几年发展快速。2019年中国海淘用户规模已经达到大约1.55亿人,预计2020年将持续增加至2.35亿人。因此一批跨境电商交易平台迅速崛起,B2B平台如阿里巴巴、敦煌等,B2C平台如天猫国际、考拉海购、京东全球购都发展迅速,为跨境电商活动提供了快捷、便利、安全的平台,为跨境电商行业更健康有序发展奠定了基础。

3. 政府政策扶持跨境电商发展

从2004年起,中国政府颁布了一系列相关政策以促进跨境电商业务的稳定增长。其中,2004年到2008年这一阶段的政策侧重于行业的规范;2008年-2013年,政策更加注重跨境电商的细分领域,如:管理、支付、物流等;在2014年之后,国家先后增加了多个跨境电商相关扶持政策,同时设定了多个试点城市,大力推进跨境电商业务的运行和发展。2019年1月我国的《电子商务法》正式施行,更加完善了我国的跨境电商法律制度,监管体系也逐步健全,贸易便利化水平不断提高,营商环境更加优化。

8.2.1.2 电商法对跨境电子商务的影响

2019年1月1日开始施行的《中华人民共和国电子商务法》涉及的范围很广,包括电子商务经营者、消费者、电子合同、电子支付和电子商务发展中争端的解决方案等,为电子商务稳健发展构建了牢固的法律框架。

电子商务法中对跨境电商经营者的规范包括以下四点:

针对海外代购售假现象对电商平台的规制。海外代购售假现象泛滥,阻碍了跨境电子商务的良性发展,而且由于代购方式信息不对称、各国法律不同等特点,对于售假问题,消费者维权艰难。为了保护消费者权益,促进跨境电商健康发展,《电子商务法》第三十八条明确规定电商平台需要承担平台内经营者的相应责任和连带责任。

跨境电子商务活动中涉及的个人信息受法律保护。跨境电商活动中，消费者需要提供详细的个人资料，存在一定的隐私泄露风险。因此《电子商务法》第二十三条和第二十五条明确规定了电子商务经营者具有保护用户个人信息不被泄露的义务。

保护跨境电商中消费者权益。考虑到跨境电商具备的复杂性、国际性的特点，消费者权益往往无法得到切实保障，《电子商务法》第五十八条明确规定鼓励电子商务平台经营者积极建立相关服务和商品质量担保机制，五十九条至六十三条明确规定，跨境电商需要建立投诉、举报机制，争端解决机制等多种途径保障消费者权益。

针对电子合同的规范。跨境电子商务活动中，交易双方签订的是电子合同。《电子商务法》第四十九条规定，在用户提交订单成功后，合同即视为成立，并且电子商务相关经营者不能以格式条款等其他方式约定消费者支付价款后合同不成立。因此，电商法施行以后，代购需要对合同成立后没有履行义务承担法律上的违约责任。

8.2.2 跨境电商商业模式及典型案例分析

8.2.2.1 跨境电商商业模式

1. 出口跨境电商运营模式

（1）B2B 模式

B2B 模式下的平台有两种：交易服务平台和信息服务平台。信息服务平台称为第三方服务平台，主要提供交易匹配服务，主要的盈利模式包括增值服务和会员服务。交易服务平台可以实现买卖双方之间的在线支付和在线交易。主要利润模块是展示费和佣金。

（2）B2C 模式

B2C 模式下有两个平台：开放平台和专有平台。开放平台意味着允许商人留下来，而不是全部都是个体经营者。开放平台允许消费者购买更多类型的商品。平台开放包括出口跨境电子商务的各个方面，涉及开放各种流程和链接，例如数据、物流、商品、买卖双方的营销和仓储，实现商家和平台的系统对接以及建立平台周围的开发人员生态系统。该自营平台是通过平台本身购买或生产产品，在线交易，产品展示和其他活动，并通过跨境物流将产品交付给消费者。

2. 进口跨境电商运营模式

（1）平台模式

第三方商家被跨境电商平台引入，由第三方商家为消费者提供商品，通过平台进行信息沟通并在平台上进行支付，平台收入来源为第三方商家入驻平台的佣金，也就是轻资产模式，投入低。但是由于第三方商家数量多，提供的产品类别丰富，平台很难鉴别第三方商家的资质，因此其提供商品的品质很难保障。

（2）自营 B2C 模式

自营 B2C 模式包括综合自营跨境 B2C 模式和垂直自营跨境 B2C 模式。集成式自我管理平台是指在从供应商处购买商品后将商品出售给消费者的电子商务平台。产品类别不限于特定领域，并且货源是可控的。因此，它可以保证商品质量并更容易被消费者信任。但是其业务发展将受到行业政策变化的影响。垂直专有平台通常销售相同类型的产品，并且类别高度专业。它的优点是擅长于特定领域的深耕，而且供应商管理能力很强。特定群体易于获得较高的满意度，较高的用户忠诚度和自发的口碑传播，从而提高了平台的品牌价值。但是早期需要更大的财政支持。

（3）闪购模式

闪购模式就是电商平台采取低价抢购策略，并定期定时更新海外产品，产品迭代快，新鲜度高。由于线上特卖的便捷性，以及海外稀缺性商品的高折扣，容易产生客户的重复购买，极大地培养了用户准时准点进行在线抢购限量版国际商品的消费习惯，缩短了用户购买决策的时间，提高了购买效率，能够最大化利用现金流。

(4) 跨境 O2O 模式

跨境 O2O 模式以线下实体店为基础，同时开发移动应用程序，并整合第三方平台和各种渠道等资源，搭建官方电商平台，实现线下体验店＋移动应用＋官方电商平台的 O2O 闭环。通过线上线下多样化引流营销，采购团队和线上平台协同配合，打通线下线上，从而形成渠道信息资源及平台大数据。

(5) C2C 海外代购模式

C2C 海外代购模式就是客户在国内寻找海外的个人买手或商家帮忙在当地购买商品，通过国家物流将商品送达消费者。此类模式可供消费者选择的买手或商家数量多，他们可以提供较为丰富的海外商品，所以能满足消费者的多元化需求，而且一般具备价格优势。

(6) 海外直邮平台模式

消费者提交的订单在电子商务平台上分发给制造商或批发商，然后商品供应商根据订单信息以零售价格将商品交付给消费者。直邮平台的部分收入来源是产品零售价格与批发价格的差额。这类模式的主要优点包括在平台运营期间与供应商对接时，可以自由选择直接与可靠的海外供应商谈判，并签订跨境零售和供应协议，这样就会对跨境供应链有更深入的了解，同时，为了解决跨境物流问题，平台会智能选择构建国际物流体系或与特定国家的物流、邮政系统形成战略伙伴关系，为后续发展奠定物流基础。

8.2.2.2 跨境电商典型案例分析——天猫国际

天猫国际是阿里巴巴集团在 2014 年 02 月 19 日当天宣布正式上线的，天猫国际主要是为国内消费者直供海外原装进口商品，目前天猫国际已引入超 20000 个海外品牌，涵盖超过 4000 多个品类，连续 4 年成为跨境电商市场份额第一的平台。天猫国际的发展模式是平台模式，即将第三方商家引入平台，提供商品。入驻天猫国际的商家均为中国大陆以外的公司实体，具有海外零售资质；销售的商品均原产于或销售于海外，通过国际物流经中国海关正规入关。天猫国际严格审核商家的入驻资质及提供产品的质量。在物流方面，天猫国际要求商家120小时内完成发货，14个工作日内到达，并保证物流信息全程可跟踪。

天猫国际的盈利方式主要有两个，一是通过自营产品的销售获取利润，二是获取商家和消费者交易的佣金。天猫国际的竞争优势主要体现在物流和便利性方面。天猫国际与菜鸟联合，通过在中国的保税仓和从其他国家直运相结合，菜鸟网络帮助跨境商家提速补货时间，向消费者提供了更好的购物体验。而且菜鸟驿站在最后一公里的问题上，也为消费者提供了全面的解决方案。消费者通过天猫国际平台下单，选择多样，购买便捷，而且天猫国际以海外直供为主，货源更加稳定。但天猫国际也面临着代购和海淘的价格的威胁。

8.2.3 中国跨境电商发展趋势及策略建议

8.2.3.1 中国跨境电商发展趋势

1. 新兴市场发展态势良好

随着国家对"一带一路"倡议的实施，沿线国家网络购物的普及以及消费者购买力的提升，跨境电商政策的逐渐放开，"一带一路"沿线国家将成为中国跨境电商出口新的增长点。目前东南亚、中东等地区跨境电商份额较低，但发展速度持续加快，这些地区拥有足够的人口红利，"一带一路"带动了沿线国家共同发展，随着沿线国家经济发展水平的提高，跨境电商将会飞速发展，实现当地经济发展与中国跨境电商发展的双赢。

2. 跨境电商企业创立自有品牌

跨境电商领域法律法规的完善，驱使企业合规化发展，流量拓展成本不断上升，跨境电商企业的日常运营成本势必增加。伴随用户消费升级，国内企业受到国际优质产品的冲击，企业不可能继续通过价格战在竞争中取胜。所以跨境电商企业未来需要有自身的品牌，并且积极在海外推广商标，利用好网络媒体提升企业品牌知名度。通过电商平台的大数据，研究不同消费群体的购物习惯，精准满足多种消费群体的需求，确定品牌的定位及发展战略，提升公司的经济效益，实现做大做强。

3. 跨境电商平台线下拓展

2019年以来，跨境电商企业相继在线下开设实体店，比如：小红书、网易考拉、天猫国际。随着线上电子商务的流量到达一个瓶颈，开设线下店为消费者带来即买即用的购物体验。虽然跨境电商线下实体店还处于起步阶段，未来随着线上线下数据互通，利用大数据进行精准营销，跨境电商平台线下店具有传统门店不能比的优点，将会为消费注入更多可能。

8.2.3.2 中国跨境电商发展策略建议

1. 政策引领，营造一流营商环境

推进完善跨境电商信用体系，营造公平诚信的跨境电子商务发展氛围。在跨境电商发展过程中，逃避税收、销售假冒伪劣产品、侵犯知识产权等问题频繁发生，应完善跨境电商领域的相关法律法规，建立跨境电商知识产权保护机制；建立跨境电商商品的全流程追溯系统，使得跨境电商的每个环节都可追溯；成立第三方的信用评级机构，进行信用评级、违法失信行为等信息的披露；实施政府各部门联合监管，推动各部门之间信用信息共享，提高监管效率。

2. 建设全球供应链

整合全球制造商、供应商、采购商等跨境电商产业链中的各个重要环节，搭建供应链贸易综合服务平台，促进供应链上下游产业资源优化配置；优化海关通关、物流、跨境支付等服务体系。在海关通关方面，简化通关流程，提高跨境电商通关效率；加速邮政、快递企业改革，建立覆盖全球重点市场的跨境物流网络，推动跨境物流本地化，持续优化物流服务；鼓励跨境电商企业布局海外仓，降低企业成本，提高企业的配送能力；鼓励开展跨境支付业务，推出优质支付便利措施，保障跨境支付安全。

3. 培养跨境电商专业人才

目前是跨境电商发展的黄金时期，跨境电商行业的相应专业高端人才比较缺乏。跨境电商行业不仅需要具备计算机应用能力，还需要精通小语种，并且掌握全面的电子商务运营知识与实践能力。目前我国高校在此类人才的课程设置上略有不足。因此，高校应该探索创新适合的人才培养机制，在课程设置上，充分考虑职业岗位要求，建立完善的综合性跨境电商课程体系。另外与跨境电商企业建立合作关系，共同创建专业的人才培训基地，让大学生在上岗前具备实践能力，为跨境电商行业输送更多的专业人才。

8.3 大数据交易

8.3.1 大数据交易发展现状

大数据交易以电子交易为主要形式，通过线上大数据交易系统，撮合客户进行大数据交易，并定期对数据供需双方进行资格评估认定，是数据流通、创收的重要方式，居于大数据产业链上游。

1. 大数据交易市场状况

为了推动大数据产业发展，一些地方政府和大数据企业在数据定价、交易规则等领域进行了尝试，因此数据交易类型日益丰富，数据交易环境日益优化，数据交易规模保持增长，说明中国大数据交易产业变现能力持续提升。据相关研究预计，2020年中国大数据交易市场规模将突破545亿元。因此，随着中国大数据交易的不断发展，大数据产业将成为中国未来经济发展的支柱产业之一，促进中国实现由数据大国走向数据强国的转型。

2. 大数据交易平台建设

大数据交易平台是联通数据生产方和数据消费方的重要桥梁,既是完成大数据交易活动的组织者,也是交易活动的参与者,因此即是市场监管主体也是监管对象,在大数据交易的市场结构和监管体系中具有非常重要和特殊的地位。

国内现有的数据交易平台主要包括三类:一是以贵阳大数据交易所为代表的政府交易所平台;二是产业联盟性质的交易平台,以中关村数海大数据交易平台为主;三是专注于互联网综合数据交易和服务的企业主导的平台,比如数据堂等。

8.3.2 大数据交易方式及典型平台分析

8.3.2.1 大数据交易方式

中国大数据产业生态联盟发布的《2017中国大数据产业发展白皮书》将大数据交易平台分为三类:企业主导的平台、政府主导的平台、产业联盟主导的平台。其中,企业主导的平台和政府主导的平台是我国大数据交易平台的主要类型。企业主导的平台是指由企业独资或合资组建成立的大数据交易平台,比如:数多多、数据堂、阿里云市场等。政府主导的平台是由国企独资或国企、民企合资而组建的大数据交易平台,比如:贵阳大数据交易所、上海数据交易中心、北京大数据交易服务平台等。

目前我国的大数据交易平台的交易方式可以划分为三类:大数据分析结果交易方式、数据产品交易方式、交易中介方式。一个大数据交易平台一般多种交易模式并存。

大数据分析结果交易方式交易的不是底层的基础数据,而是根据客户定制化的要求,对数据清洗、建模、分析的数据结果。这种交易方式整合不同渠道的数据,根据客户需求加工成可视化产品,客户可以简单直接地获取大数据分析结果,节省时间成本。而且由于没有提供原始数据，也规避了数据所有权和数据隐私保护等问题。但正因为没有提供底层数据，客户无法对分析结果进行验证，而且大数据分析由于分析工具、分析方法等不同存在一定的不确定性，数据需求方并不能完全信任单一结构的分析结果。

数据产品交易方式由于数据来源不同主要有两种业务模式：一是根据数据需求方要求，平台收集好相应数据后，通过网络传输或者邮寄实体存储介质的方式将数据产品送达客户；二是向其他数据拥有者开放数据交易权限，允许其在平台出售数据产品。数据产品交易方式以客户需求为导向，有针对性的获取数据进行数据交易，降低了时间和人力成本浪费，提高数据的利用效益。但是通过爬虫、众包等方式一般不能得到企业的核心数据，获取的数据价值较低。而且随着政府主导交易平台的发展，数据出售方可能选择公信力更强的交易所出售，造成平台的数据供给压力。

交易中介方式是平台本身不生产数据，也不对数据进行存储和处理，作为一个交易渠道，通过应用程序编程接口（API）为数据需求方提供数据购买服务，平台按照调用次数收费。应用程序编程接口（API）是一种标准化的数据输出端口，因此这种交易方式安全、高效、便捷，可以调动企业出售数据、购买数据的积极性。但是目前我国大数据交易市场发展还不成熟，企业尚不能正确认识高价值数据，通过交易中介平台发布的数据可能并不是市场需要的，平台还未研究出促进企业发布高质量数据的措施。

8.3.2.2 大数据交易典型平台分析——贵阳大数据交易所

贵阳大数据交易所在贵州省政府、贵阳市政府的支持下，于2014年12月31日成立，2015年4月14日正式挂牌运营，是我国乃至全球第一家大数据交易所，总部坐落于贵阳，在北京、上海、深圳和成都布局四大运营中心，在全国多个城市设立服务分中心，服务于全国会员单位。

作为大数据交易领域的龙头机构，贵阳大数据交易所的竞争优势主要体现在以下几点：

大数据交易模式成熟而规范。贵阳大数据交易所逐步构建了由八大交易规则、十大标准及规范、系列数据交易制度等组成的数据交易体系，保障了数据交易活动的规范性，而且交易所存在数据产品交易、数据分析结果交易等多种交易方式，满足不同类型客户的多元化需求。

数据交易活动安全可靠。贵阳大数据交易所在开始运营阶段，就保证不交易涉及国家机密、商业秘密、个人隐私的数据，底层数据进行脱敏处理，从根本上解决数据隐私保护的问题。而且交易所实行会员制，申请单位需要满足交易所的标准，才可以成为会员。

可交易数据品类多，体量大。贵阳大数据交易所接入225家优质数据源，上线4000多个数据产品，提供可交易的数据总量超150拍字节（PB），涵盖金融、电信、电商等30多个领域。

8.3.3 大数据交易发展展望及发展策略

8.3.3.1 大数据交易产业发展展望

1. 政府大数据得到充分利用

政府在日常管理和工作中积累了大量的数据，但目前大量的数据分散在各个部门，没有被充分利用，而且政府还没有形成习惯利用大数据管理决策，造成政府数据利用价值不高。随着信息技术的发展，通过各部门之间治理数据共享，形成协同治理体制，各基层政府通过开展合作，降低社会治理成本，而且政府各部门可以通过数据共享共同决策，推动政府的治理结构扁平化发展，加快政府治理能力的现代化进程。

2. 大数据交易技术创新

2017年12月，习近平总书记强调"要推动大数据技术产业创新发展，瞄准世界科技前沿，集中优势资源突破大数据核心技术，加快构建自主可控的大数据产业链、价值链和生态系统"。数据交易技术是大数据交易产业的第一生产力,具备数据交易核心技术,才能驱动数据交易产业强劲发展,持续释放数据红利。目前比较热点的技术是区块链,区块链技术可以彻底改变目前数据交易的现状,未来创新改革大数据交易技术仍然是大数据交易平台的重点任务。

3. 大数据产业法律法规继续完善

目前我国还没有专门针对大数据交易的法律法规,也没有专门的监管机构对大数据交易市场进行监管。因此,国家在支持大数据交易发展的战略规划下,将不断完善大数据交易法律法规、监管体系、标准交易规则、安全保障体系等。

8.3.3.2 大数据交易产业发展策略

1. 明确大数据交易中的数据产权,制定相关法律法规

大数据交易是将数据作为所有物进行交易,必然涉及数据产权问题。我国现行法律中没有对数据产权做出明确的规定,要解决数据产权问题,首先要明确数据产权归属,另外,要重视大数据交易带来的隐私泄露风险。国家目前应及时针对数据产权、大数据交易规则、信息安全保护等制定规章制度,然后伴随大数据交易行业的发展,对规章制度不断进行修订,等到成熟时再上升为法律。加快制定数据安全和个人信息保护相关的法律法规,对关系到国家安全的重要数据进行立法保护,对重点领域的数据制定安全管理制度。加强对个人隐私信息的保护,对侵犯个人隐私的违法行为加大惩处力度。通过建立完善的法律法规,为大数据交易营造良好的法律环境,推动大数据产业长久健康发展。

2. 完善行业自律机制,建立大数据交易监管部门

大数据交易产业的良性发展离不开相应的监管,近年来中国大数据交易平台发展迅猛,但政府还没有专门的监管部门对大数据交易进行监管。在还未形成法律监管之前,加快完善行业自律机制,实施行业监督。目前大数据交易行业内部已经制定了《贵阳大数据交易所702公约》《数

据流通行业自律公约》等行业自律规范，政府应当给予鼓励。随着行业发展到一定规模，建议政府设立大数据交易监管部门，制定相应的法律法规，强化事前监督，事中日常监管，事后规范执法，对大数据交易全过程规范化管理。行业自律和政府监管组合发力，推动大数据交易平稳健康发展。

3. 加快政府数据资源开放共享进程

李克强总理在中国大数据产业峰会表示，"80%的数据掌握在政府手中，政府应共享信息来改善大数据"。政府作为公共数据的核心生产者和拥有者，汇集了最具价值的数据资源，应加快数据开放，推动数据流通和数据交易，释放数据价值。建议政府成立数据开放共享的主管部门，确立数据开放的工作规划，协调有序地推进政府数据资源开放共享；尽快制定数据开放共享相关法律，明确数据开放共享范围和标准，为实施数据开放共享提供标准。政府数据资源的开放共享，丰富了数据资源的品类，扩大了数据规模，为大数据交易产业提供了供给保障。

8.4 数字内容

8.4.1 国家政策支持下数字内容发展

8.4.1.1 数字内容产业政策演变

数字内容产业是信息技术与文化创意高度融合的产业形式，涵盖数字出版、数字视听、数字学习、数字娱乐等等，具有创新性强、附加值高、关联程度高、网络化传播的特征。

2006年年初国家政府公布了《国民发展与社会经济第十一个五年规划纲要》，并在规划中首次提到"数字内容产业"，《文化创建"十一五"规划》中明确指出，数字内容产业是开展新型文化产业的重中之重；在2011年公布的"十二五"规划中强调全面推进数字内容服务，而且要推进文化创新、出版发行、影视拍摄制作、数字打印及印刷、娱乐演绎、动漫制作等重点文化产业；2016年公布的"十三五"规划中首次将数字创意产业首次被纳入国家战略性新兴产业发展规划，并为数字内容产业实施减税降费等优惠提供政策依据。

8.4.1.2 数字阅读

在数字阅读领域，从用户规模来看，截至2019年，中国数字阅读用户规模达到4.7亿，人均电子书年接触量大约15本，人均数字阅读数量增长较快。从产业规模来看，2019年中国数字阅读整体市场规模达到288.8亿元，移动阅读市场规模稳步上升。从细分领域看，大众阅读占据主要地位，占比超过95%，专业数字阅读较小众，但也呈现较快的增长趋势。2019年数字阅读内容创作者的规模进一步扩大，达到929万人，其中"90后"年轻作者占比近六成。

8.4.1.3 数字视听

对于数字视听领域，截至2019年6月，中国网络视频用户规模达到7.59亿，其中短视频发展后来居上，呈现爆发式增长，用户规模达到6.48亿，占网民整体的75.8%。网络视听平台的付费用户数量迅速增长，2018年底，爱奇艺会员人数达到8740万，腾讯视频会员达到8900万，头部数字视听平台凭借优质内容、有效的运营策略，付费会员收入成为其营收的主力。

8.4.1.4 数字学习

数字学习领域主要涉及在线教育领域，一方面，随着中国居民收入水平不断提高，接受教育意识升级，在线教育的交互性、自主化、个性化等特点使其成为用户日益认可和接受的学习渠道，有效促进了在线教育消费的升级。另外人工智能和增强现实、虚拟现实等技术被越来越广泛的应用到在线教育领域，有效满足了用户的多样化、差异化的学习需求，从而一定程度上解决了线下教育的弱势与不足。截至2019年上半年，中国在线教育的用户规模达到2.32亿，占网民整体的27.2%，手机在线教育用户规模达到1.99亿,占在线教育整体用户规模的85.7%。因此在线教育行业也开始进行升级、整改,国家政策的支持与用户需求的增长,将驱动在线教育产业市场规模进一步增长,在线教育企业上市及融资将更进一步。

8.4.1.5 数字娱乐

在数字娱乐领域主要包括数字游戏、数字动漫等。在数字游戏领域,2019年底,中国网络游戏用户规模达到6.4亿,用户规模继续保持增长。数字动漫作为数字内容产业的重要垂直细分领域,国家出台政策对动漫产业进行扶持,动漫产业正处于快速发展时期。2019年中国动漫产业总产值达到1941亿元,动漫电影数量和总票房占总电影的比重持续上升,数量占比达到14.46%,票房占比为11.48%,未来动漫产业具有更高的需求和供给,市场潜力巨大。但是数字动漫领域也面临一些问题,诸如市场环境不成熟、动漫高端人才缺乏、管理机制不完善等一定程度上会制约动漫产业的良好发展。

8.4.2 数字内容产业典型案例分析——抖音

抖音是一款音乐创意短视频社交软件,于2016年9月上线,是一个专注年轻人的15秒音乐短视频社区。用户可以通过这款软件选择歌曲,拍摄音乐短视频,形成自己的作品,会根据用户的爱好,来更新用户喜爱的视频。凭借创意潮流的内容、精准的算法推荐、人工智能技术的应用等,2018年末抖音的讨论热度超越快手,成为短视频领域具有代表性的平台。

抖音的经营理念是记录美好生活,强调给用户带来美好感,这种美好体现在应用程序的用户体验、平台美好的社区氛围以及美好的视频内容。抖音上关于美好生活内容的视频占比达到40%。优质内容是抖音持续火爆的核心竞争力,据抖音研究报告显示,"抖音"的内容一般都具有个性、酷炫、新潮、时尚、节奏感强等特点。抖音平台的内容以用户生产为主,为了引导用户生产出更优质的内容,抖音会通过设置议题、邀请达人引领拍摄等方式促进用户创作热情。还引入人工智能技术,为用户带来了更新鲜有趣的玩法,刺激用户的创作欲望。除了用户生产内容,平台还存在如媒体、企业等一些专业的内容生产者。

8.4.3 数字内容产业发展趋势及发展策略

8.4.3.1 数字内容产业发展趋势

1. 数字内容移动化

移动化是互联网未来发展的趋势,也是数字内容产业的发展趋势和新的增长点。数字内容产业的各项细分领域数字视听、数字阅读等都显示,用户主要通过移动端进行数字内容消费。未来随着移动终端更加普及,第五代移动通信技术时代的到来,移动互联网会有更大的用户规模,分发到更多的流量。因此,移动互联网正在改变数字内容企业的战略布局。数字内容行业内相关企业更加重视移动端的布局,通过优质内容、提升应用程序的用户体验等方式参与竞争,获取用户和流量。同时企业利用移动端消费者大数据,基于用户场景,深度挖掘消费者内容偏好,实施个性化、定制化的内容推送,移动端内容更加智能化,同时对数字内容产业格局有重要影响。

2. 竞争格局出现"马太效应"

数字内容产业市场集中度较高,容易出现一定的程度的分化现象,头部阵营收获了大多数的用户与流量,后续梯队的企业则共同分割为数不多的剩余用户与流量,这种分化程度未来会进一步加深,出现强者愈强的"马太效应"。

3. 细分领域跨界融合

随着数字内容产业更加成熟,市场规模越来越大,产业内分工更加细致,专业化程度越来越高。垂直细分仍然是未来的发展方向,但是细分领域之间的产业融合也更加常见。纵览数字内容产业的各个细分领域,发现多个互联网巨头出现在多个领域头部企业名单中。互联网巨头入局多个细分领域，丰富了数字内容商业模式，也让数字内容产业的细分领域之间的界限更加模糊，呈现出跨界融合的趋势。各垂直细分领域深耕特定行业，跨界融合之后可以集百家所长于一身，既节约了企业的经营成本，带动多个行业共同发展，又实现数字内容产业链各个环节的定制化、专业化、网络化，是企业发展、产业链提升的多方共赢。

8.4.3.2 数字内容产业发展策略

1. 加强数字内容市场监管

数字内容交易和传统交易形式不同，数字内容产业的商品是以互联网为基础而不是以传统物质载体为交易媒介的商品，容易出现监管真空的情况，要求政府监管模式做出相应变化。近年来，数字阅读、数字视听等领域盗版现象依然严重，未来需要加强数字内容市场动态监管，构建数字内容企业信用体系，完善相关法律法规，严厉处罚失信行为、盗版侵权行为等，促进我国数字内容产业健康良性发展。

2. 推动数字内容产业转型升级

第一，推动数字内容高质量产品供给。习近平总书记指出，要以高质量文化供给增强人们的文化获得感、幸福感。运用好第五代移动通信技术、增强现实、虚拟现实、区块链等新技术以及短视频、网络直播等新兴形式，推动传统数字内容产品转型升级以满足新时代数字内容产品的消费需求，实现高端数字内容产品的供给。数字内容企业需要创新数字内容产品，主动开拓高端业务和新型服务，培育新兴数字内容业态，提高产品的创意性和附加值。第二，融合中华传统文化，实现数字内容产品特色化发展。挖掘中华传统文化特色数字内容产品，利用人工智能、知识管理、大数据等技术识别并挖掘出可与数字内容结合的中华文化资源。培养"互联网+"思维和大众创意，打造中华文化数字内容产品知识产权产业链，鼓励企业构建以知识产权为核心的全产业链，融合小说、电影、游戏等各个产业。

3. 鼓励企业协同与跨域合作

创新数字内容产业链上下游企业供需关系，鼓励数字内容产业内部企业合作，实现数字内容企业的协同。数字内容产业链上下游企业应共同面对市场，利用大数据等技术挖掘消费者行为数据，精准满足消费者需求，及时调整供需关系，共担风险，实现双赢。数字内容产业内部各类型企业加强合作，如企业可以通过知识产权授权合作等方式将数字视听、数字娱乐等领域联合起来，多个角度挖掘知识产权内涵，搭建以知识产权为核心，辐射多个细分领域的全品类内容生态，实现知识产权价值的最大化。另外，引导数字内容企业向其他产业延伸，同其他产业的企业进行跨域合作，同时带动其他产业的发展。

8.5 数据中心

8.5.1 数据中心建设发展状况和模式

在信息时代下，巨量网络数据都能够存储在数据中心，也使得数据中心成为一种新的商业业态和模式随着数据中心行业的兴起，数据价值也会越来越高，可靠性能也在进一步加强。数据中心正逐渐和交通、网络通信一样逐渐成为现代社会基础设施的一部分。

数据流量的增长驱动数据中心的发展。目前，国内大型数据中心有接近2/3都集中在北、上、广、深四地。与国际上数据中心发展领先国家——美国相比，我国的数据中心的存量仍然很低，但是几年来数据中心建设逐步受到重视，大量的资本进入行业，数据中心企业数量大幅增加，整个行业处于建设模式不断转变，新建立的数据中心正在迅速增加的状态。

8.5.2 数据中心产业商业模式及典型案例分析

8.5.2.1 数据中心产业商业模式

数据中心服务商为客户提供基础服务、增值服务和应用服务，基础服务数据中心为客户提供托管服务,包括标准化的机柜空间、高速宽带和互联网协议(IP)地址,基础服务技术实现简单,管理、维护也比较简单,不同数据中心提供的基础服务相对同质化。增值服务是为了提高系统的运行效率,保证系统更安全、稳定的运行。这部分服务根据数据中心服务商的技术和管理水平存在差异,是客户选择数据中心的决定因素,体现了数据中心服务商的差异性的竞争力。应用服务是指网络系统和用户信息系统的应用开发服务,包括企业电子邮箱服务、电子商务加速服务、专业咨询设计服务等。

数据中心行业属于高速成长的重资产服务业,商业模式类似于商业地产。在建设时期投入成本较大,而在数据中心建设完成后其主要收入来源是通过出租机柜获得租金,因为客户租期比较稳定,所以数据中心企业现金流比较稳定,长期回报率较高。在数据中心服务商都满足基本的准入门槛的前提下,技术管理水平满足客户个性化需求、专业高效的运维管理能力、稳定的客户关系是客户选择数据中心合作企业的重要因素,所以毛利率的高低并不是数据中心行业的竞争优势。

8.5.2.2 数据中心成功案例分析——万国数据

2019年中国数据中心企业排名前5的分别是中国电信、中国联通、中国移动、万国数据、有孚网络。万国数据于2006年注册成立,2016年上市,是中国领先的高性能数据中心运营商和服务商之一,其所运营的数据中心分布于上海、北京、深圳、广州等国内核心经济枢纽,目前所服务的近640家客户主要包括大型互联网公司、金融机构、电信与信息技术服务提供商以及国内大型企业和跨国公司。

万国数据提供多种服务,主要包括托管服务、托管管理服务和管理云服务。万国数据为客户提供高度安全、可靠和容错的数据中心环境,可以保证安全存放他们的服务器和相关信息技术设备。万国数据有以下几点竞争优势:

稳定的客户资源，而且客户质量优质。万国数据不断调整客户结构，成云计算发展之风，更多的承接云化数据中心项目，云计算客户比例大幅增长，2019年达到73%，且这一比例会继续上升。由于稳定的客户资源保证了企业的现金流的稳定性。

先发抢占一线城市优质资源，资源储备充足。数据中心的主要客户集中在一线城市，而一线城市由于政策收紧、土地、电力资源紧张，新建数据中心受到了限制，万国数据通过早期迅速扩张，抢占了一线城市资源，而且资源储备丰富。截至2020年3月31日，万国数据运营中的数据中心总机房面积超过20万平方米。公司目前仍在快速扩张，在建中的数据中心总机房面积超过10万平方米。

技术和管理水平高，满足客户高标准需求。万国数据凭借先进的数据中心设计、严格的技术规范和健全的操作流程，可以实现与服务连续性和其他关键绩效指标相关的对客户的服务承诺，满足客户的高标准需求。

8.5.3 数据中心产业发展趋势及发展策略

8.5.3.1 数据中心产业发展趋势

1. 虚拟化

传统的数据中心服务商完成传统的数据中心服务例如数据的搜集、整合、处理等工作必须依托于服务器，伴随着数据中心市场竞争愈加激烈，传统的数据中心服务同质化严重，服务商只进行传统的业务利润较低，必须在传统业务的基础上开发增值服务，提高利润。而虚拟化就是以云计算技术为基础，将具体的服务器转移到虚拟的系统中。数据在云端进行传输，云计算数据中心调配计算能力，并管理后台。客户不需要管理后台，就可以使用数据中心充足的计算能力。数据中心的虚拟化发展，将会大大降低服务器的数量，减少硬件成本，相应地也降低了企业管理成本。企业想要在激烈的竞争中取胜，必须推动传统的数据中心向虚拟化数据中心转型升级，努力提升服务水平，进而提高客户满意度。

2. 定制化

各类数据对于企业的经营发展起着至关重要的作用，企业对于数据中心的需求网站域名、企业邮箱等基础业务转变为现在以主机托管、网络通信、系统集成、网络安全、专家咨询等差异化、多元化的各类技术服务。客户需求的多元化向数据中心提出了差异化的设计和构建要求，也给数据中心服务商带来了新的挑战。经验丰富的数据中心服务商能够认识到客户的个性化需求，并且为每家企业客户提供定制化数据中心，满足不同优先级的需求。另外，数据中心行业中涌现出一批互联网巨头主导的数据中心，市场竞争更加激烈，数据中心服务商只有放弃价格战，将竞争优势体现在数据服务水平和技术水平上，为客户提供差异化的特色服务。

3. 智能化

传统的数据中心需要人去完成工作，但是有时候人工运营并不都是可靠的，根据UPTIME分析，数据中心70%的故障是人为因素造成的。目前新建立的数据中心规模庞大，为企业进行管理带来了挑战。智能化的数据中心基础设施监控管理可以对数据中心基础设施实施在线实时监控，从而企业可以减少维护时间和费用，专注于上层业务。数据中心管理即服务（DMaaS）运用大数据技术、机器学习等可以帮助企业预测设备故障、容量不足或效率低下，有效提高数据中心运营效率。

8.5.3.2 数据中心产业发展策略

1. 统筹数据中心建设布局

由于数据中心主要的客户金融机构、大型互联网企业主要分布在一线城市，数据中心需求量持续攀升，一线城市中心城区土地、电力资源不足以支撑更多数据中心发展，为了弥补一线城市数据中心的需求缺口，鼓励在一线城市周边区域新建立数据中心，中心带动周边共同发展。例如上海市提出"集中"与"分散"结合、"内圈+外圈"的思路，集约化布局数据中心。在上海市外环及郊环交通干线周边以及主城副中心区域内，建设10~12个大型高等级数据中心基地，形成"内圈+外圈"的多核组团式数据中心集群。

2. 着力推进数据中心核心技术研发

推进数据中心新型服务器、存储、网络设备与技术的研发和产业化，适应新型定制化业务需求；加强智能运维、智能管理等技术的研发，促进数据中心智能化，降低企业成本，提升运营效率；发展模块化数据中心技术，推动建立高效、便捷、快速部署、安全、节能的模块化数据中心。

3. 加快数据中心专业人才培养

鼓励高校设立数据中心运维管理相关专业，针对实际岗位需求设置课程，培养数据中心专业人才。促进相关专业学生参与国际交换或国际技术交流活动，提高国内数据计算运维管理水平。与数据中心企业合作，组织学生参与岗位实践，提高学生的实际应用能力。借助第三方机构，开展人才培训，提高行业内数据中心技术和运维管理人员的水平。

8.6 发展高端数字化贸易业态的着力点

8.6.1 加强数字基础设施建设

数字基础设施是构建国家数字贸易的根基，也是数字贸易蓬勃发展的基础性技术，直接决定着数字贸易发展的广度和深度。因此，我们要加强数字基础设施建设，具体来说，做好以下工作：第一，把数字基础设施建设的重要性上升到更高层面，在国家战略投入上，要把数字基础设施建设视为同水、电、公路等同等重要的公共品；第二，降低数字基础设施行业的市场准入门槛，既要发挥国有企业在基础设施投入方面的引领作用，也要发挥民营资本的"鲶鱼效应"，不断提升中国数字基础设施建设的水平；第三，不断加强数字新技术的研发，尤其是在移动互联网络的速率和稳定性方面，要在政府层面从财税融资角度给予研发企业更多的支持，促进其成果转化以及与其他行业的融合发展。

8.6.2 完善数字贸易规则及相关法律法规

目前针对数字贸易规则主要是跨太平洋伙伴关系协定、跨大西洋贸易与投资伙伴协议等一些多边协定中的国际规则，中国缺乏适合国内数字贸易发展的规则，需要尽快制定国内数字贸易规则体系，加快建立与数字贸易相关的国内配套规则，包括个人数据使用规则、互联网访问与使用规则、电子交易的认证以及跨境数字传输等。构建数字贸易标准化监管政策体系，在税收、海关监管、知识产权等方面发布具体规则。重视数字贸易投资规则，尽快制定有利于我国数字贸易产业发展的规则标准。

8.6.3 积极参与国际数字贸易规则制定

目前，世界范围内对于数字贸易的相关规制措施，主要体现在跨太平洋伙伴关系协定、跨大西洋贸易与投资伙伴协议及国际服务贸易协定这三个超大型的自由贸易协定上。世界贸易组织的相关协定包括关税及贸易总协定和服务贸易总协定，都涉及或能够推断出与电子商务有关的规则。目前，世界贸易组织诸轮谈判尚无明显进展，各方分歧较大。但从美国主导的已经夭折的跨太平洋伙伴关系协定及一系列双边与多边协定中，已基本可以看到数字贸易国际规制的雏形。实际上，从贸易协定的相关文本来看，跨太平洋伙伴关系协定相关规制甚至就是美国在数字领域国内商业规则的国际版本。因此，要对美国的主张进行深入研究，对其战略意图进行精准研判并加以吸收利用。一方面，要积极参加国际服务贸易协定的谈判，并发出中国声音，贡献中国智慧；另一方面，也要在现阶段和接下来的双边或多边贸易协定中，尤其是在"一带一路"沿线国家的贸易协定谈判中，加入中国主张的数字贸易条款，积极抢占先机，争取主动权。

第 9 章

数字经济与投资新趋势

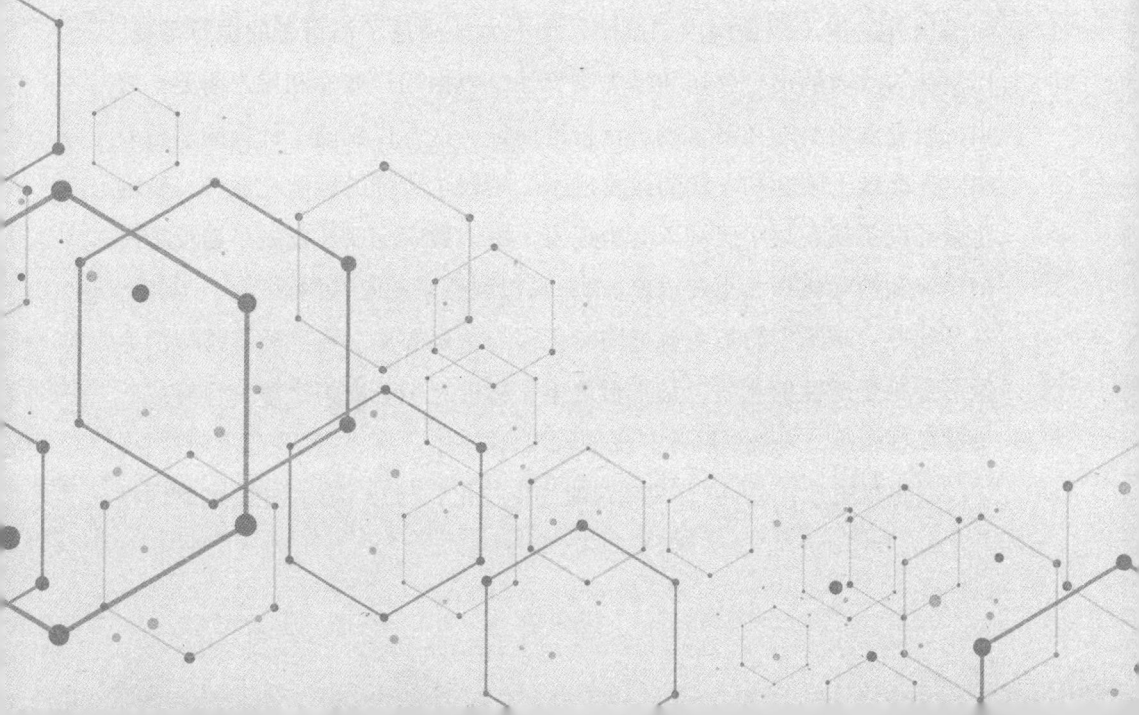

数字经济影响着跨国企业的投资行为。随着数字经济的发展，无论是发达国家还是发展中国家都主动或者被动地被卷入数字经济的发展浪潮中。

数字经济作为一种新兴的经济发展模式，对全球跨国投资行为产生深刻的影响。为了更好地总结、归纳数字经济下，国际直接投资（FDI）的发展趋势，本书依据现有的资料，对数字经济的相关概念进行如下说明。

微软（中国）有限公司前政府和公司事务总监庞成军先生将数字经济的发展分为三个阶段。第一阶段是纯粹的数字化服务，例如最早期的搜索和电子邮件。用户在谷歌、百度、必应等搜索引擎输入问题，搜索引擎会将搜索结果进行展示，用户根据自身需要进行甄选。除此之外，用户可以利用Gmail、Hotmail、网易163等软件，与来自全球各地的人们进行线上沟通，缩短了时空距离。

第二阶段是把一些线下服务搬到线上，例如最早的电子商务。在电子商务出现之前，人们需要去线下商场购买自身所需要的产品。在这个过程中，人们除了需要支付商品货款，还需要花费交通、时间等成本，这无论是对个人还是社会都造成了一定的浪费。

目前，数字经济已经发展到第三阶段，即线上和线下深度融合。无论是国外的优步或是国内的滴滴，均大大地满足了消费者的出行需要。以滴滴为代表的出行公司凭借先进算法，根据用户属性和用户需要，将出行服务的供给端和需求端进行精准匹配。这不仅提高了社会的运行效率，还降低了乘客和车辆的运营成本。相较于传统的标准化服务，精准化服务的实现在数字经济下变为现实。中国数字企业在发展早期就把跨国投资和国际化作为重要战略。"从联想到后来的互联网三巨头、滴滴，都是如此。滴滴创始不久就把国际化作为重要布局。数字经济领域的竞争一定是全球性的竞争，是平台之争、标准之争、财力之争，只有成长为世界型企业，未来发展才有竞争力。"

联想集团（中国）副总裁陈荣凯先生指出，与数字经济相关的跨国投资和并购正在成为全球跨国投资的焦点。与通过水平并购来增强企业集中度的思路相比，陈荣凯更看重产业界的垂直整合。陈荣凯先生指出过去国际竞争中更多的是产品竞争，而在数字经济下的国际竞争更集中于产业链、生态的竞争，即由横向单一产品的竞争转向为纵向供应链一体化的竞争。并且，随着中美等全球主要经济体之间的竞争不断加剧，纵向一体化带来的竞争优势是横向一体化所无法比拟的。

面对未来激烈的竞争，庞成军认为，中国新一代的数字经济产业和数字经济企业在对外投资中不再是传统的跟随者，而是引领者。中国拥有广阔的市场腹地，2020年中国网民数量将高达7.5亿，比美国、印度网民数量的总和还要多，大约占全球的网民数量的1/5。除此之外，2019年我国人均国内生产总值突破一万美元，标志着我国在从中等收入国家向高收入国家跨越的进程中又前进了一大步，这为促进我国经济结构转型和经济健康可持续发展提供支撑。

庞成军先生指出："中国是全球第一个网约车合法化的国家，我们在中国市场上得到了历练，积累了各种丰富的解决方案和技术支撑，为国际化打下了良好的基础。中国的互联网企业和数字经济企业在发展过程中有一个鲜明的特点是贴近市场、贴近用户，可以快速变化。比如，滴滴刚创业的时候只有出租车一个产品。但这对解决中国人的出行问题来说还远远不够。于是，滴滴推出越来越多的产品，包括快车、专车、顺风车、代驾、试驾等，都是为了更好地解决出行问题。"

数字经济发展带来的风险也是显而易见的。少数几个国家可能"吃掉"大部分的利润，数字鸿沟问题可能会更加严重。国外的亚马逊、易贝占绝了电商市场大量的市场份额，而国内的阿里巴巴、京东、腾讯等在各自领域内都占据十分重要的市场地位。对于非数字企业来说，其经营活动也面临着新的挑战。由于数字企业有着轻资产、应用场景广阔等特征，非数字企业在与其竞争的过程中往往处于劣势地位。

综上，本章节拟从宏观和微观两个角度，归纳国际资本的变化趋势，并结合搜集到的资料，对新趋势进行简单的分析。

9.1 国际直接投资现状

9.1.1 低增长

跨国企业国际化投资进入一个新的阶段，全球国际直接投资自2015年以来连续三年下滑。2018年，全球外国直接投资流量继续下滑，较上年减少13%，降至1.3万亿美元。这种现象产生的一个主要原因是，2017年底美国开始实行税制改革，美国跨国企业在2018年前两个季度将累积的国外收益大规模汇回本国，加之美国是全球重要的国际直接投资输出国，导致了全球国际直接投资总量不断下降。2018年下半年交易活动的增加缓解了上半年国际直接投资减少的态势（较2017年同期减少了40%）。由于不再受税收负担影响，美国跨国企业开始利用其外国子公司的流动资产，推动跨国合并和收购总值增加了18%。

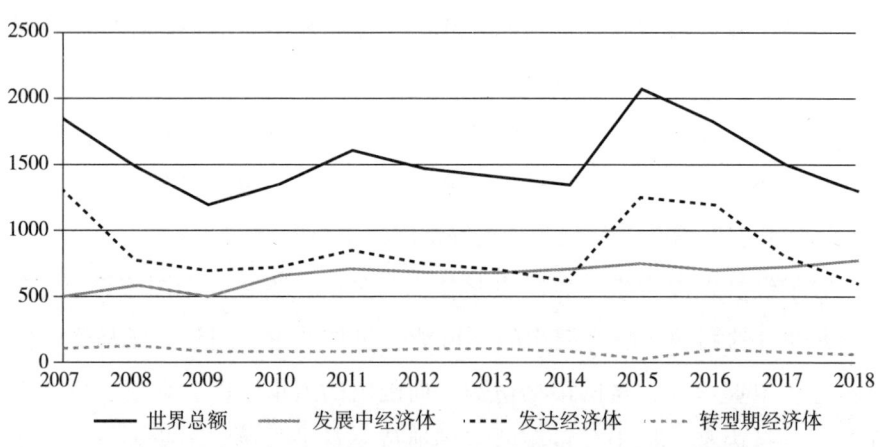

图 9-1　2007-2018年外国直接投资流入量（单位：十亿美元）

在数字经济浪潮中，数字及新兴制造技术成为吸引国际投资的重要因素。谁掌握了先进数字技术，谁就可以吸引更多的国际直接投资。诸如美国、英国等发达国家凭借着其在在技术发展方面的先发优势在数字经济发展浪潮中占据有利地位。但是，伴随着中国等新兴经济体的发展，越来越多的国家、地区加入数字经济竞争中，数字经济领域的国际竞争日益激化。

与此同时，以市场垄断为代表的问题不断出现，国际协调亟待加强。面对数字经济的兴起以及全球跨国公司进行战略转型，中国应在数字经济中抓住机会，促进国内经济的发展。中国利用外资战略的着眼点应从招商引资转变为"招商引智"和"招商引能"，促进投资方式以及业绩评估体系改革。同时，中国应在全球数字经济及相关投资规则制定中发挥引领作用，帮助发展中国家应对数字经济带来的挑战，促进可持续发展。

随着全球经济不断复苏，各国宏观经济状况持续改善，投资者的信心得到了一定的恢复，随着全球经济一体化贸易自由化、投资便利化进程加快，跨国公司投资动力获得不同程度的增强。预计随着自由贸易区的发展，全球国际直接投资将会恢复到更高的水平。

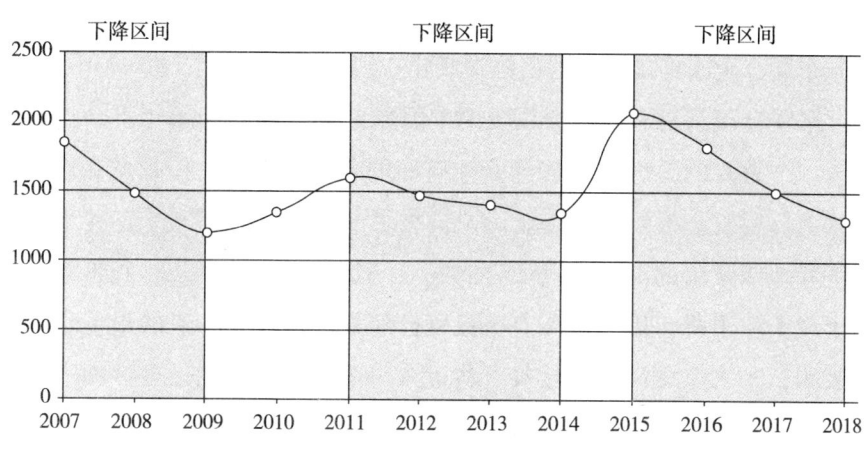

图 9-2　全球国际直接投资投资总量（单位：十亿美元）

通过分析2007—2018年连续11年的全球国际直接投资数据可以发现，自2008年金融危机之后，全球国际直接投资呈现波动上升的态势。2018年全球国际直接投资投资总额与2007年相比，下降25.95%。在这11年中,全球国际直接投资总额呈现下降态势的有8年,呈现上升态势的有3年。值得注意的是,自2015年以来,全球国际直接投资总金额在不断下降,相较于2015的历史最高水平,下降了33.82%。2016年,英国宣布进行脱欧谈判、美国官方鼓励企业在本国境内投资、美联储加息等一系列国际经济政治事件,或多或少地影响着全球资本的投资行为。可以预见,新冠疫情、中美博弈等事件的不断发酵势必会对跨国企业的投资行为产生影响。

根据搜集到的相关资料,本书认为导致全球国际直接投资下降的主要原因可以归纳为三大类。第一,全球经济尤其是主要经济体复苏的脆弱性仍然存在,各国经济还没有从经济危机的阴霾中走出来。第二,贸易保护主义逐渐抬头,对外国投资者来说,进入一个新兴市场的不确定性正在增加,如国家对能源产业进行国有化、限制外商投资比例、提出外商撤资要求等。第三,许多国家出于保护外汇的目的,对外资流出进行更为严格的审查。这些因素均会导致跨国公司在进行对外投资时,变得十分谨慎。因此,很多跨国公司通过资产重组、撤资等方式重新进行业务布局,全球直接投资增长势头疲软。

据联合国贸易和发展会议预测,国际直接投资在2020年不会强劲增长。一个重要的原因是2019年企业宣布的新项目较上一年减少了五分之一以上。贸发会议投资和企业司司长詹晓宁表示:"展望未来,鉴于全球经济和地缘政治的前景,我认为2020年不会出现大幅增长,我也不认为会出现大幅下降,因为国际直接投资已经处于过去十年来的最低水平。"这表明,未来全球国际直接投资将进入一个相对温和的上升区间。但是需要注意的是,新冠疫情使得相对疲软的国际直接投资有进一步恶化的可能。

9.1.2 生产性投资不足

数字经济在催生新产业及新商业模式出现、发展的同时,也在默默颠覆传统的商业模式。新零售、新娱乐、新金融、新制造对传统生产经营方式带来前所未有的冲击。为了更好地应对数字经济带来的冲击，跨国企业正在重新审视、调整全球生产经营模式。

以新零售为例，传统零售和新零售区别在于供应链。传统零售虽然出现了供应链上若干企业的联合，但是这种联合相对简单，并且企业的分布范围相对较小，本质上它还是个体经济。可是新零售强调的是根据区位优势选择全球各地的企业来组成供应链的上下游，它是集供应、服务、物流、培训为一体的综合平台。新零售通过遍布全球各地的供应商降低生产经营成本，提高产品的竞争力，以便更好地满足市场的需要。

伴随着数字经济的发展，越来越多的企业加大了数字化投资，如数字平台建设、数据中心发展、数字技术应用，并积极对全球价值链及生产经营布局做出调整。例如，苹果公司在2018年2月之后将中国地区的用户数据迁移至云上贵州。除此之外，亚马逊、微软等云服务商都已将为中国用户提供服务的数据中心设在了中国境内。数据中心的日常运营除了需要电力能源支持之外，还需要大量的土地用以存放服务器，中国的区位特点可以支持这类公司的需求。

跨国企业进行数字化改革的行动正在不断地推动全球价值链新一轮的重构，既包括价值链的升级（核心业务的升级），也包括价值链的转移（传统业务的剥离或转移，如部分劳动密集型业务向成本更低的国家转移）。

历史上，大约有五次产业转移。第一次产业转移发生在18世纪末，美国花费将近一个世纪的时间从欧洲大陆承接了大量的制造业，逐渐成为世界经济霸主。第二次产业转移发生在20世纪50年代，日本花费20年左右的时间，承接了欧美发达国家的产业转移，日本经济腾飞，日本步入发达国家行列。20世纪70年代进行了第三次产业转移，亚洲四小龙（中国香港、韩国、中国台湾、新加坡）承接了日本的"淘汰"产业。20世纪80年代，中国进行改革开放，中国承接了亚洲四小龙的产业转移，中国制造业迅速发展，代工（OEM）在中国盛行。尤其是，中国在2001年加入世界贸易组织之后，中国经济迎来了高速发展的时代。随着中国劳动力、土地成本不断上升，跨国公司开始考虑将一部分生产环节迁移至东南亚等地区，尤其体现在劳动密集型产业。为了提前应对产业转移所带来的负面影响，中国政府提出"中国智造"的口号，希望可以通过技术促进中国产业的升级、换代，为中国经济发展注入新的活力。

数字经济的发展，推动了全球价值链的重构，跨境并购成为全球价值链重构的一种重要形式，包括一些跨国企业出于重组及避税目的而进行的大量反向并购。除此之外，很多跨国企业还会通过与当地企业共同出资成立合资企业的方式以更好地适应地方投资要求，如延长石油、陕西天力投资公司和壳牌合资组建，成立延长壳牌石油公司。数字经济下的跨国公司投资、并购行为成为全球国际直接投资流动的主要推动力量。

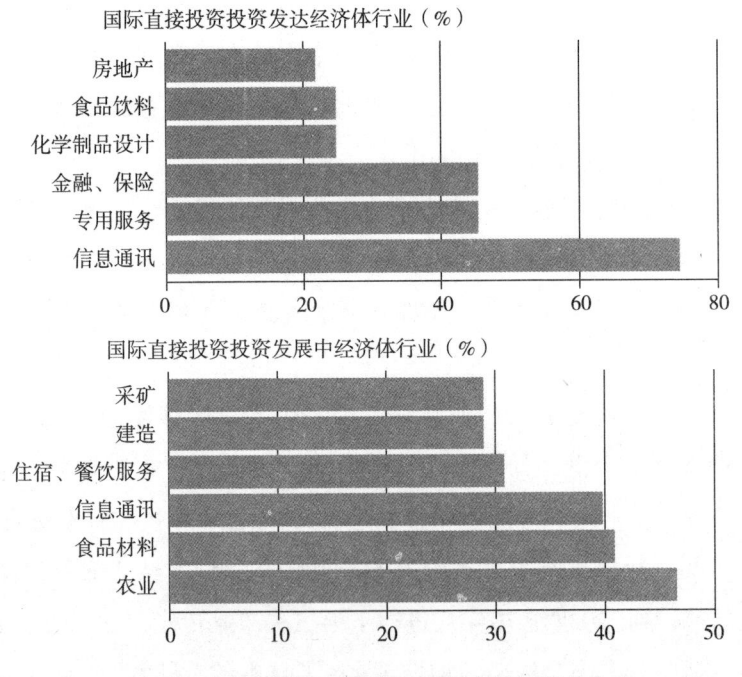

图 9-3　国际直接投资投资不同经济体的行业分布

数字经济下，针对不同类型的经济体，国际直接投资的投资行业有着明显的不同。如上图所示，国际直接投资在发达经济体主要投资的行业为信息通讯、专业服务、金融保险、化学制品设计、食品饮料、房地产行业。而在发展中、转型经济体主要投资的行业是农业、食品饮料、信息通讯、住宿餐饮服务、建造、采矿行业。跨国企业在发达经济体的对外投资具有轻资产、低就业的特征,这使生产性投资不足的问题更加突出。

9.1.3 保护主义抬头

21世纪以来,国际投资政策呈现二元制发展特征。一方面,随着数字经济的发展,各国对于国际资本的投资政策大体上是相对包容、开放的态度。各国政府清楚地意识到在数字经济中,独立于世界各国的发展是不可取的。只有积极主动利用国际资本,才可以更好地发展本国经济,即"借力用力"。为此,各国出台相应的法律法规,以便为国际资本的投资创造良好的政策环境。

另一方面,各国政府对外国投资的监管和限制也在不断加强。根据相关统计,全球各国推出的加强监管和限制的政策措施占比例从2000年的5%左右,上升到近些年的20%~25%。世界主要经济体中的国家近年来都在国家安全审查方面进行了新的立法或行政措施,从而加强了对外资的审查。国际投资政策的迅速发展,符合全球各个经济体的利益。但是,各国政府越来越多地利用产业政策、外资审查及监测等手段,实际上加强了战略性产业的保护,国际贸易保护措施日益增多。

近年来,各国集中精力在数字经济、技术革新等方面展开激烈竞争,在竞争不断加剧的前提下,为了获得竞争优势,一些国家出台了一系列歧视法规,致使数字经济领域的投资保护主义尤其突出。根据联合国贸发组织数据,在受数字化影响最大的10个行业中,至少一半以上的行业,如媒体、运输、电信、金融、专业服务都受到政府的严格管制。当然,除了获得竞争优势,控制国家发展的关键命脉也是这些经济体所考虑的。

伴随着数字经济的发展,越来越多的国家意识到,数字经济的竞争归根结底是高新技术的竞争,因此越来越多的国家大幅加强了对数字经济等高新技术及核心资产,(如数据),的保护,强化对跨国企业进行的跨境并购行为进行审查,并且出台了一系列新的政策鼓励高科技企业海外投资回流的政策。

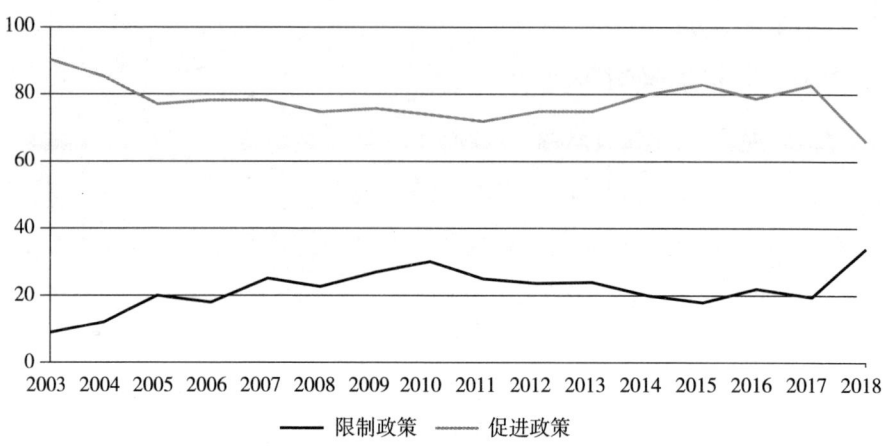

图 9-4　国际投资政策

根据贸发会议的统计,2018年,55个国家和经济体推出了112项影响外国投资的政策措施,这比上一年减少了11%以上。其中31项新限制或条例涉及外国直接投资,65项措施涉及投资自由化、促进和便利化。其余16项政策属于中性或不确定性。相应地,更多限制性或更多监管政策措施的出台比例从2017年的21%飙升至34%,增幅超过60%。这是自2003年以来的最高比率。并且从上图中不难发现,促进政策在2018年出现明显的降幅,而限制政策在2018年则出现明显增长,国际贸易保护主义抬头,数字经济领域跨境投资可能面临更多的政策限制,国际协调亟待加强。

9.1.4 发展中经济体重要性凸显

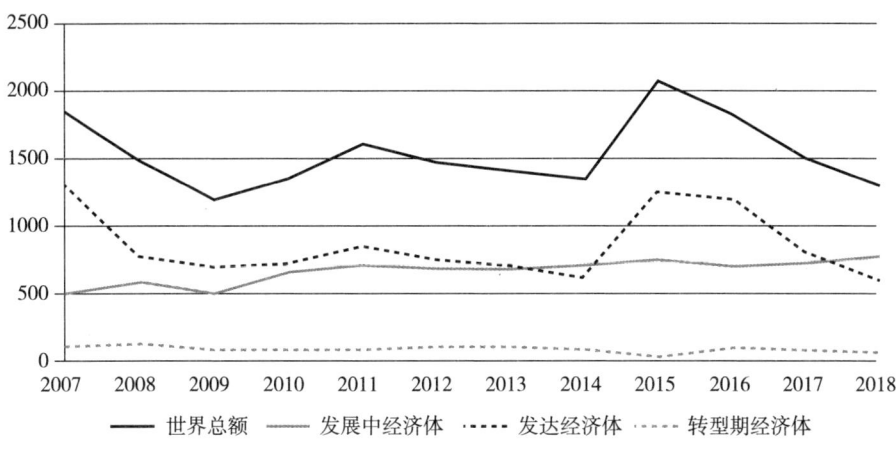

图 9-5 全球主要经济体吸收国际直接投资情况

从上图中可以看出，2014年发展中国家吸收国际直接投资数量首次超过发达国家，约占全球国际直接投资流量的52.59%，约为7100亿美元，比上年上升4.42%。在2014年之前，发达经济体一直是吸收全球国际直接投资最为主要的部分，虽然在2015年至2017年间，发达经济体对于国际直接投资的吸收继续超过发展中经济体，不过在2018年发展中经济体再次超越发达经济体，成为吸收国际直接投资的主要主体。在2018年，发展中经济体对于全球国际直接投资的吸收、能力出现较大的增长，而发达经济体则下降约33%，两者之间呈现出截然相反的发展态势。并且，这一差异可能会进一步扩大。

2018年，发展中经济体与转型经济体的国际直接投资流量总和约占全球总量的44.83%，与之相对应的是发达经济体约占全球总量的55.17%，单单一个发达经济体对于全球国际直接投资的吸引作用超过发展中经济体、转型经济体两大经济体总和。这说明，虽然发展中经济体取得了巨大的发展，可是其与发达经济体之间依旧存在较大差距。不过值得注意的是，两大类经济体之间的差距也在不断缩小。

从上图中不难看出，国际直接投资全球总额和发达经济体对于国际直接投资吸收的变化趋势大致保持一致，这再次验证了全球国际直接投资很大程度上受发达经济体的影响，发展中经济体与转型经济体对于全球国际直接投资的意义相对有限。

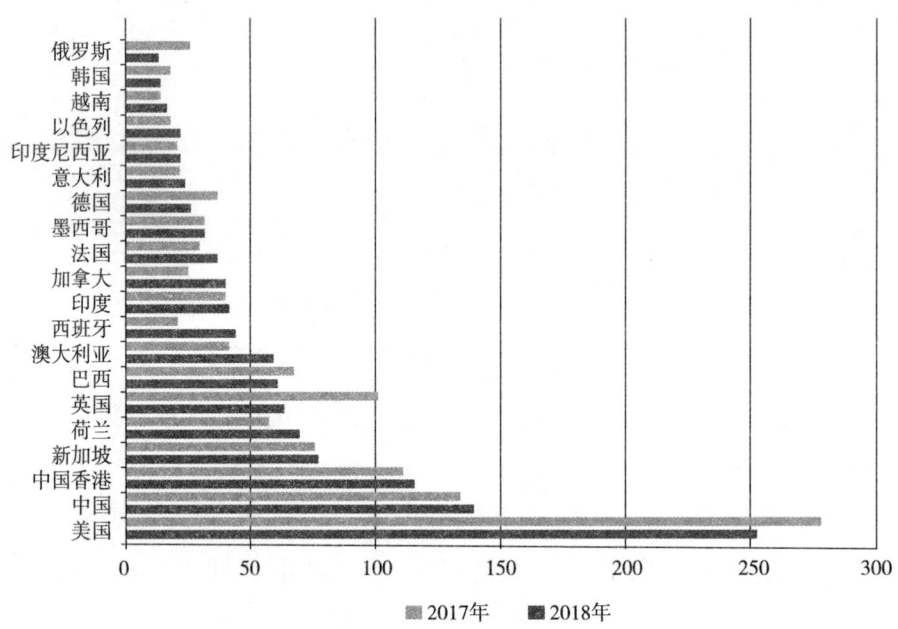

图9-6　不同国家、地区对国际直接投资吸收数据

从国际直接投资吸收国（地区）的排名来看，以2018年吸收国际直接投资数据为标准，全球各个主要国家、地区对全球国际直接投资吸收能力由高到低排序，分别为美国、中国、中国香港、新加坡、荷兰、英国、巴西、澳大利亚、西班牙、印度、加拿大、法国、墨西哥、德国、意大利、印度尼西亚、以色列、越南、韩国和俄罗斯。在这20个全球主要国家（地区）中，发展中国家（地区）的作用显著提升。2018年全球前20大外国投资接受国家（地区）中，发展中经济体与发达经济体的比重相同，分别为50%。在全球前5的接受外国投资国家（地区）中有60%来自发展中经济体，从最大对外直接投资国（地区）的全球排名来看，发展中国家

（地区）和转型经济体的拉动作用呈现上升态势。中国在2012年首次成为全球第三大对外投资国，仅次于美国和日本，随着中国国内基础设施不断完善、投资环境不断改善等投资条件的优化，中国越发受到国际直接投资的青睐。

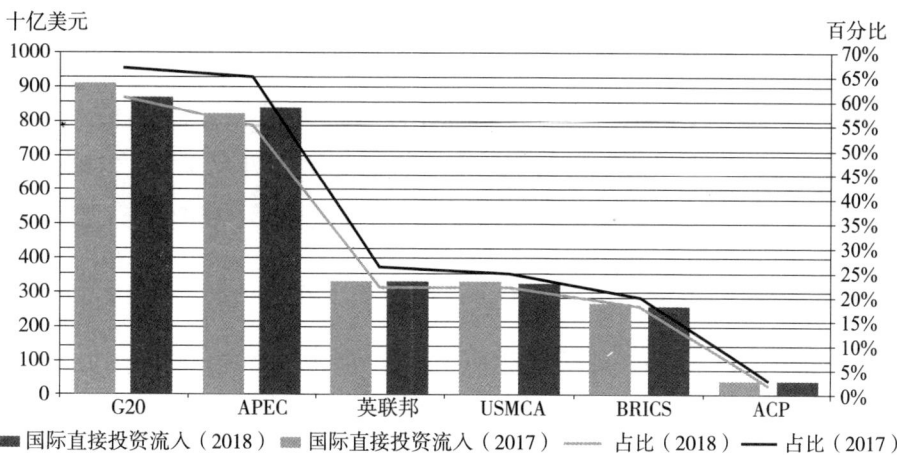

图9-7　不同经济组织对国际直接投资吸收数据

全球主要经济组织在吸收全球国际直接投资中有着不同的表现。通过对比二十国集团（G20）、亚太经合组织（APEC）、英联邦、美墨加协议（USMCA）、金砖国家（BRICS）、非加太国家集团（ACP）六大经济组织可以发现，经济组织对于国际直接投资的吸收能力主要划分为三档。第一档是二十国集团和亚太经合组织，第二档为英联邦、美墨加、金砖国家，最后一档为非加太国家集团。六大经济合作组织吸收全球国际直接投资占全球国际直接投资总量的比重也有明显的不同，其中占比上升最快的要数亚太经合组织，其相较于2017年上升10个百分点。

全球国际直接投资呈现出发展中国家占比上升、发达国家占比下降的发展态势的原因主要是：2008年由美国爆发的全球金融危机对全球经济产生了威胁，虽然已经过去了十多年，可金融危机为全球经济带来的不确定性依旧没有消散，这种不确定性导致跨国公司采取更为谨慎的投资策略,即收缩或停止扩张,更有甚者将国外资产撤回到本国。

以2018年的数据作为基础,对外国直接投资流出前20经济体基础进行排序,国际直接投资流出经济体按照由高到低排序分别为日本、中国、法国、中国香港、德国、荷兰、加拿大、英国、韩国、新加坡、俄罗斯、西班牙、瑞士、沙特阿拉伯、意大利、瑞典、中国台湾、泰国、阿拉伯联合酋长国和爱尔兰,流出值分别为1430亿美元、1300亿美元、1020亿美元、850亿美元、770亿美元、890亿美元、500亿美元、500亿美元、390亿美元、370亿美元、360亿美元、320亿美元、270亿美元、210亿美元、210亿美元、200亿美元、180亿美元、180亿美元、150亿美元和130亿美元。

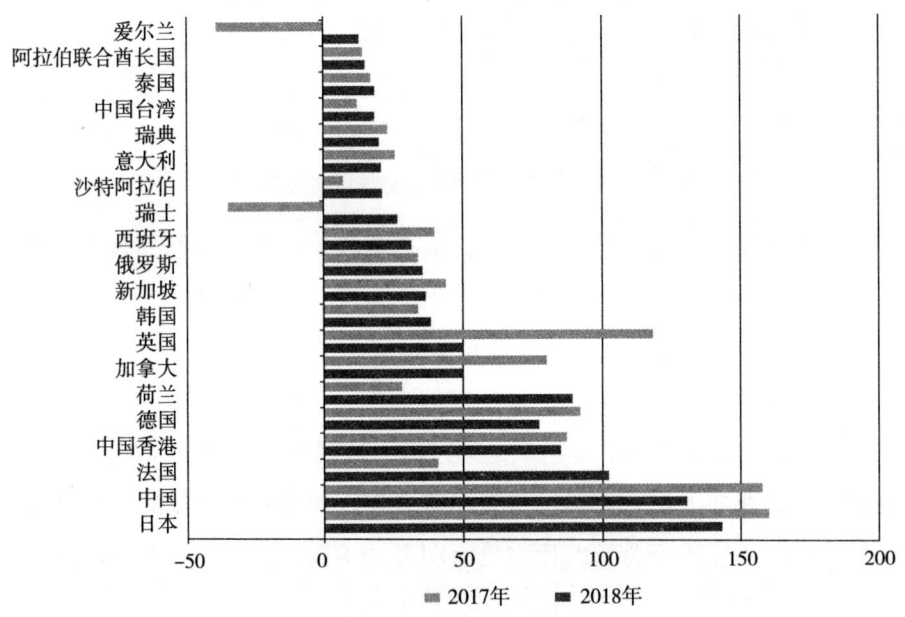

图9-8 外国直接投资流出前20经济体

11个发达经济体中有7个对外直接投资下降,占比为63.64%,9个发展中经济体中有3个下降,其余均呈现上升态势,占比为33.33%,发展中经济体和发达经济体在国际直接投资流出上有着不同的表现。

随着数字经济的不断发展，发展中国家和转型中经济体拥有趋于稳定的社会、良好的人口红利、丰富的自然资源、相对完善的基础设施等投资优势，使得其具有较强的竞争力，较低的投资成本会吸引了大量的外国直接投资。除此之外，为了吸引更多的国际直接投资，很多国家出台了一系列便利和优惠措施，吸引的国际直接投资有效缓解了国内资金不足的问题。

自2008年美国次贷危机爆发以来，发展中国家的对外投资大致保持着不断上升的态势。一方面，发展中国家经过十几年跨国投资实践，其跨国投资经验获得了较大的提升。企业参与国际化竞争的能力获得了显著增强，在参与全球价值链分工的过程中，其参与水平获得显著提高。另一方面，相较于发达经济体，发展中经济体的资金相对充足，尤其是其外汇储备，同时，其债务压力相对较少，并且国家出于各种原因，也希望本国企业积极参与国际投资，多种因素的叠加强化了发展中经济体对外投资的意愿和动力。

9.2 国际直接投资现状——微观视角

9.2.1 非股权投资日益重要

全球价值链不断进行数字化、服务化改革，使得跨国企业在生产经营活动中，将更多地采用协议生产、服务外包、订单农业、特许经营等非股权投资方式，通过专业化分工从而弥补自身业务短板，在市场竞争中获得更加有利的地位。由此导致国际直接投资进行股权投资的数量减少，非股权投资数量增加。

据相关统计数据显示，目前每年全球非股权投资方式涉及的跨境交易金额已经超过20000亿美元，这个数字相当于全球跨国公司海外分支机构年销售额的1/3，非股权投资占有较大比重。通过非股权投资方式参与企业经营已经成为欧美发达国家的跨国企业进入全球市场的重要方式。尤其是在农业生产、高新技术研发等相对敏感的行业中，非股权投资方式更为普遍。非股权投资方式既可以满足资本对收益的要求，也可以有效降低国际直接投资流入国对于国家稳定、经济可持续发展等方面的担忧。

除此之外，非股权投资也成为跨国企业有效规避日益增长的地缘政治风险和投资保护主义等可能会对资本收益带来破坏风险的重要途径。对于资本来说，其进行投资的主要目的在于获取投资报酬，非股权投资很好地平衡了收益和风险，并且伴随着数字经济的发展，非股权投资势必会面临着更加广阔的发展前景。

数字化、智能化、服务化的全球价值链使得跨国企业进行全球投资布局变得更加灵活，更加便于操作，生产经营活动更加贴近终端市场，这使得其对终端市场的把握更加准确。正如前文所述，很多跨国企业通过在产品销售国建立办事处之类的小规模据点，从而达到快速捕捉用户需求，获得销售国政策导向等重要信息，方便跨国企业及时调整经营策略。

与此同时，在数字经济下，各个经济组织间的竞争会更加激烈，由此导致跨国公司的产出（如经营利润）及投入（如投资成本）都更容易出现较大的波动。并且，伴随着全球经济一体化进程的加快，产业链的复制以及在不同国家之间的迁移也变得更加容易。更加重要的是，全球贸易保护主义的抬头以及政策、地缘政治风险的上升，都加速导致了跨国企业全球价值链出现"分解"或"区域化"倾向。从而达到资本贴近目标市场，降低风险的目的。

总而言之，全球价值链数字化不仅会影响下游的销售环节，还会对研发、采购、生产等环节产生重要的影响。由于全球价值链的部分环节或整体环节是数字化的，或者价值链正在由实体化向数字化转变，这使得数字化价值链吸引传统国际直接投资的动因被不断削弱。

在传统国际直接投资中，受影响最大的是效率寻求型外国投资，如受低劳动力成本、低贸易成本、低土地成本等因素驱动的外国投资。这类投资对于传统生产要素十分敏感。除此之外，其他类型的外国投资对于经济的发展也有着十分重要的作用，包括知识导向性外国投资、技术导向型外国投资、人才导向型外国投资。相较于传统的外国投资，这类投资所涉及的实体性、生产性投资相对减少，由此导致数字化跨国企业海外生产经营活动呈现低海外资产、低海外就业、高海外销售的特征。由此也可以看出，数字经济下国际投资可以借助数字化技术，以轻资产、低人力的方式获得喜人的经济利益。

9.2.2 服务业重要性上升

从产业层面来看，根据《世界投资报告》提供的数据可以发现，全球数字化跨国企业投资初级部门、制造业、服务业的数量有着明显的差别。2018年，跨国企业并购金额在三类行业中的比例是1:7.8:12，服务业吸收的并购资金是初级部门的12倍，制造业的1.5倍。三类行业的并购数量也存在明显的差别，三者之间的比例为1:3:12，服务业吸收的并购数量是初级部门的12倍，是制造业的4倍。无论是从并购资金或是并购数量的角度，服务业对跨国资金有较强的吸收能力。

通过对2017年、2018年不同行业跨境并购净额和并购数量进行对比，可以发现三个部门直接投资流量与上年相比，呈现出不同的变化趋势。在并购净额中，初级行业、服务业呈现上升态势，而制造业则呈现下降态势。在并购数量中，除了服务业呈现上升态势，初级行业和制造业均呈现下降态势。

2018年国际直接投资新设投资价值约为8150亿美元，较上年增长17.44%，其中初级部门、制造业分别为390亿美元和3070亿美元，较上年分别上涨了62.5%和降低了6.12%，而服务业并购净额为4690亿美元，较上年上涨了36.73%。

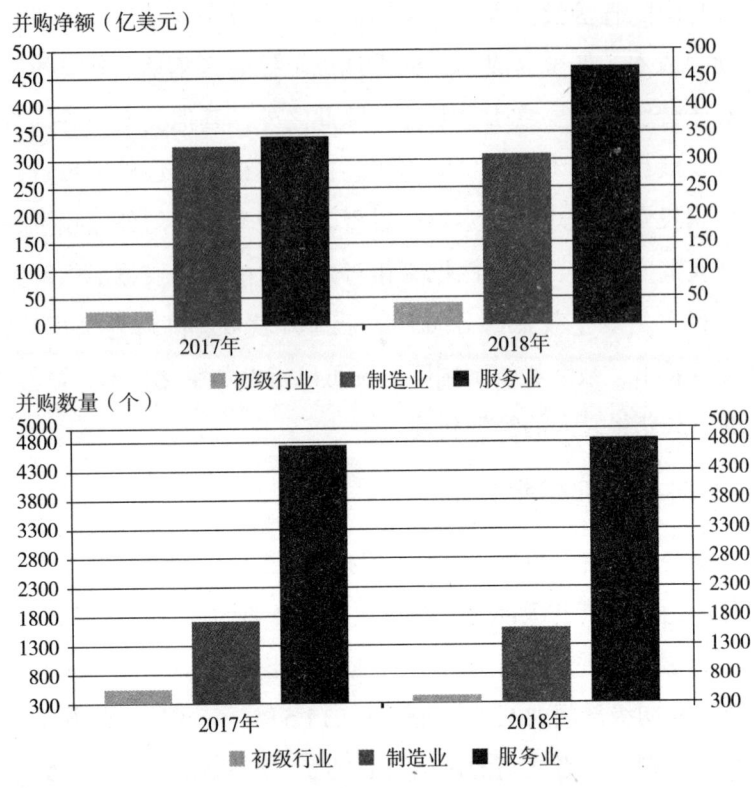

图 9-9 不同行业跨境并购净额、数量

综合上述两个指标可以发现,虽然受到经济危机的波及,但是国际直接投资总量依旧在不断上升。服务业对国际直接投资的吸引所受到的影响明显小于初级行业和制造产业。服务业国际直接投资之所以在国际经济出现波动时,依旧可以表现出较好的稳定性,其主要有以下几个原因。

首先,服务业迅速发展是数字经济的一大特点。即使全球经济受到金融危机的影响,但是全球经济服务业化的总体趋势并没有发生根本性的改变,全球经济结构仍然以服务型经济为主,因此服务业经济依旧呈现出较好的稳定性。

其次,出于服务业对促进各国产业结构升级换代的重要性。目前,各国对服务业的态度主要是以鼓励为主。根据相关条款显示,各国政府在指定相关产业的发展政策时，更加倾向于为服务业提供空间，对服务业的监管相关较松。服务业中存在的保留条款主要集中于运输业、金融业和通信行业。

最后是随着数字经济的发展，发展中国家对于拉动数字投资的作用变得越发明显。如前文所述，拉动全球对外投资的主体可以被划分为两部分，一是发达经济，另外一个是发展中经济体。从发达经济体的角度来看，发达经济体的投资偏好发生了改变。随着一系列产业振兴战略的实施，发达国家的主要投资者更加倾向于投资实体经济，而并非第三产业。然而，随着发展中经济体实力的不断增强，其越发频繁地参与全球经济活动，在一定程度上弥补了发达经济体对外投资的不足。

随着跨国企业推进价值链服务化改革，服务业获得了更多的关注。这种影响也反映在全球国际直接投资上，即全球国际直接投资中服务业流入比例上升。根据贸易发展组织公布的相关报告显示，在全球跨国企业100强（未包括跨国银行）中，与服务业相关的企业的数量不断提升。目前，约有1/3数量的企业是服务类型的企业。与之形成鲜明对比的是，与制造业相关的企业数量在不断下降。从另外一个角度看，服务类跨国企业的国家化指数（TNI）的增长也明显强于归属于第一产业和第二产业的其他企业。

本研究认为，除了上述原因，服务类企业在数字经济中总体地位的上升，除了研究中提到的监管方面的优势，还包括一系列先进数字技术的作用。具体来讲，在数字经济中，包括物联网、第五代移动通信技术、增强现实技术、虚拟现实技术等在内的一系列数字技术，更加有利于数字服务业的发展。多种因素的叠加，共同促进了服务业的发展。

据相关报告显示，目前服务业对全球外国直接投资的吸引量约占到全球总存量的2/3，数额巨大。并且，可以预见的是，未来随着全球价值链数字化改革进程的推进，服务业对全球外国直接投资的吸引能力可以变得更强，即大概率呈现上升趋势。但是，需要强调的是，研究所使用的用于表示数据流动的指标的计算口径是海外子公司的生产经济活动，而非母公司所属行业。虽然这种计算方式使得数据的收集和使用更加方便，但是也会使得服务业外资流量及存量数据被高估。换而言之，一些初级产业、制造业领域中的跨国企业在服务领域的对外投资也被计入了服务业投资总量中。

9.2.3 轻海外资产倾向

理论上，数字化进程的加快和在线应用的使用降低了跨国企业海外投资的强度。具体而言，数字化方便全球跨国企业将一系列非核心环节外包出去。这种方式有利于企业聚焦于企业核心业务。这种方式降低了企业对外投资的需要。

随着在线市场加速发展，数字化跨国公司可以突破时间、空间的限制，直接将自己的产品在线上销售给消费者。而传统跨国企业需要通过建立自己的海外销售网络，才可以将产品销售给国外的顾客、自建海外销售渠道明显增加了跨国企业的投资负担。数字化跨国企业不需要设置大量大型海外分支机构，特别是在规模较小的市场中，通过设置代表处、办事处的方式解决本地化事物，这样既可以满足公司业务的需要，还可以达到降低税赋、减少运营费用的效果。换而言之，数字化企业能够通过更少的海外投资和海外员工进军国外市场，较低的投资金额和人力资本很大程度上降低了投资负担。

跨国企业对全球价值链进行数字化改革，很大程度上削弱了海外生产经营活动（如销售额）与海外资产（如跨国企业国外投资）之间的联系。在联合国贸易发展组织所列出的全球跨国企业100强中，进行数字化改革的科技企业在海外资产与总资产、海外资产份额与海外销售份额的比率这一指标上，大大低于传统跨国企业。具体而言，科技跨国公司国外资产总额与国外销售份额之间的比例约为1:1.8，而传统电信行业国外资产份额与国外销售份额之间的比值为10:9，其他类型的跨国公司两者之间的比例大致相同。

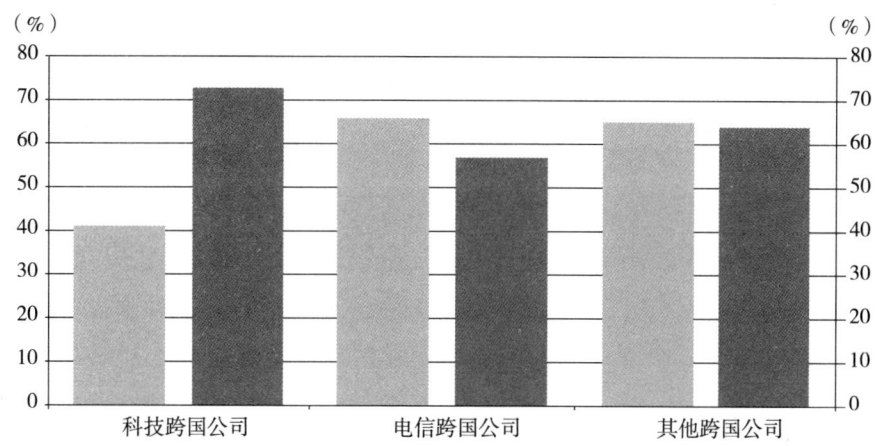

图 9-10　国外资产份额与销售份额对比

伴随着数字经济的发展，跨国企业中生产经营活动越依赖数字化技术，越可以通过较少的海外资产获得较高的销售份额，上述数据很好的支撑了这个结论。这一结论不仅仅适用于大型跨国企业，也广泛适用于中小型跨国企业。

数字经济领域跨国企业的数字化程度也有明显差别。其中，互联网平台企业的数字化程度最高，这类企业的海外资产份额与海外销售份额的比率在20%至40%之间。从中可以发现，海外资产与海外销售的关系被打破。例如汽车生产、飞机制造以及其他数字化程度较高的高端制造业，国外资产份额与国外销售份额之间的比率也低于1∶1，并且比值呈现明显的下降趋势。这些数据表明，东道国在吸引资产投资上表现更强。通过数字化手段，总部与各分支之间的协调能力不断加强，海外投资强度不断下降。

以微软为例，微软在亚洲设立微软亚洲研究院和微软印度研究院。微软亚洲研究院作为微软在海外最大的研究机构，加强了微软在大数据、人工智能等方面的优势。相较于微软在美国的规模，亚洲研究院和印度研究院的规模则小得多。但是，微软通过数字化的管理方式，将全球各地的微软研究院紧密地联系在一起，从而加强了微软在技术领域的优势。诸如此类的公司非常多,如阿里巴巴、腾讯、京东、谷歌、eBay、Paypal,均通过数字化的经营方式,为公司带来了巨大的利益。

第10章

数字经济治理体系

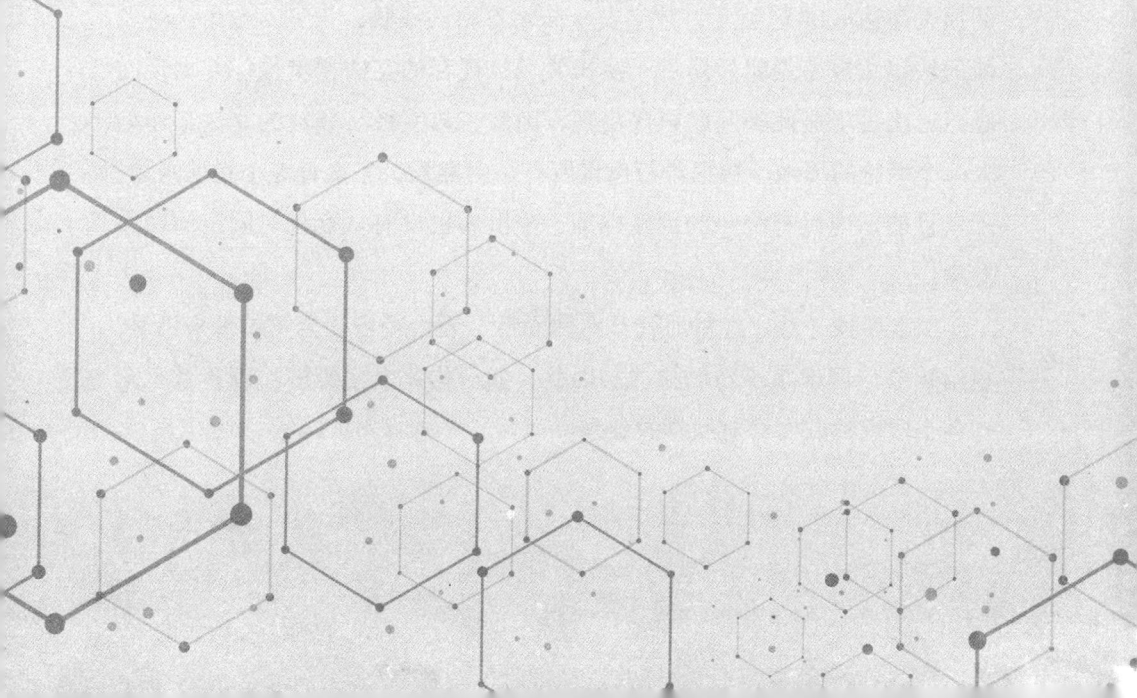

10.1 数字经济治理的缘由

数字经济凭借其数字化特性成为促进各国经济增长的重要手段。除此之外，随着中美等经济体之间博弈的不断加剧，数字经济的发展权以及主导权成为各国的主要竞争点。据相关报道，目前全球大约22%的国内生产总值都来自数字经济，并且这一数字有望在2025年突破50%。而中国在数字经济发展方面虽然起步较晚，但庞大的消费市场和相对公平的经营环境使得数字经济发展迅速。根据相关报告显示，2017年中国数字经济规模已经达到了27.2万亿人民币，占国内生产总值的32.9%，位居世界第二，中国已经处在数字经济领域的领先地位。

数字经济在引领全球经济发展的同时，也带来了一系列新的问题。第一，"数字鸿沟"问题变得越发严峻。这不仅仅包括基础设施方面的建设鸿沟，还包括数字素养等方面的鸿沟。具体来说，诸如数字网络（第四代、第五代移动通信技术）、物联网技术、大型计算机等数字基础设施的发展，为数字经济的发展提供了支撑和动力；第二，随着数字经济的发展，数字安全威胁也不断呈现上升态势。根据相关专家的估计，每年各种利用互联网进行诈骗、黑客攻击的破坏行为对全球经济的发展造成的损失高达4000亿美元，数字安全面临着新的威胁；第三，数字经济领域的法律法规建设明显滞后于实操领域，现存的立法逻辑往往是出现问题，想法去规避此类问题再次出现，因此，数字经济领域的立法工作陷入一个尴尬的境地。数据产权由谁所有、由谁管、怎么管等一系列问题，不仅目前国内没有统一的制度标准，全世界也没有一套相对固定的操作标准。

综上所述，数字经济时代具有两面性，既给经济社会发展带来机遇，也给社会治理带来了新的挑战。因此，如何构建数字经济治理体系是全球各个国家都需要面对的新的难题。

10.1.1 数字经济治理的形势

10.1.1.1 数字经济成为经济社会发展的新动能

在全球经济下行压力增加的情形下,数字经济凭借其领先的数字技术应用、与其他产业的融合渗透等优势,逐渐成为稳定经济增长的重要力量。

虽然数字经济是经济社会发展的新引擎,但和以往的经济发展模式一样,也会存在发展问题。因此,有效地对数字经济发展过程中出现的各种问题进行治理,能够实现数字经济高质量的发展,为我国在世界数字经济发展过程中获得话语权提供强有力地支撑。

10.1.1.2 国家治理对数字经济治理提出新要求

党的十九届四中全会明确表示"推进国家治理体系和治理能力现代化"。这是中国官方在国家重大发展战略层面为数字经济治理提供了顶层设计。数字经济治理本质上是国家进行现代化治理,其根本出发点是修正生产关系和生产力之间的矛盾,让生产关系与生产力两者的发展水平更加匹配。数字经济作为新的一种经济形态,以往的经济治理模式可能并不适用,"生搬硬套"现行治理模式很可能适得其反。因此,面对数字经济发展新机遇,创新数字经济治理模式是国家治理重大战略的重要一环。

10.1.1.3 全球数字经济治理话语权博弈日趋激烈

数字经济的发展,重新构建了世界经济的发展格局。对此,西方发达国家或经济体纷纷提出契合自身发展利益的数字经济治理理念与主张,并大力争夺其在国际规则制定过程中的话语权。随着中国与欧美等西方国家在数字经济领域竞争的不断加强,鉴于各国核心诉求点的不同,各国间的博弈与冲突是必然会产生的。例如在2019年的二十国集团大阪峰会上,印度等国认为《数字经济大阪宣言》不符合其对于数据本土化的要求,从而拒绝在《宣言》上签字。

但是截至目前,在现行包容性框架内的各国尚未对数字经济治理相关议题达成一致,并且由于文化背景、意识形态以及数字经济发展水平的不同,这种分歧可能会不断增加。

10.1.2 数字经济新特征带来治理挑战

数据化、智能化、平台化、生态化等是数字经济的典型特征,这些新特征也为其治理带来了新的挑战。

数字经济具有明显的数据化特征,但是由于数据相关规则体系的严重不足,全球数据开发与保护等成为全球性难题。相对于过去以土地、人力、资本为生产要素的经济形态来说,数字经济的核心生产要素则是数据。数据是驱动数字经济技术创新与模式创新的核心力量,通过对数据进行分析,可以产生巨大的经济和社会价值。但是,各国在对数据资源进行开发利用的时候,也不可避免地产生了一系列的治理难题。一方面,随着数据价值增长,数据资源的安全性和本地化成为数字经济监管的难题。另一方面,数据只有流动才能最大化释放其潜在价值,但这种流动又为数据确权和数据开放等提出了新的挑战。因此,如何有效制定数据相关规则,寻求数据利用和安全保障之间的平衡,是当前全球数字经济治理面临的共同挑战。

数字经济具有智能化特征,打开算法黑箱、赋予算法价值观成为全新数据经济治理的新议题。作为构建平台的底层技术要素,算法被广泛运用于电子商务、新闻媒体、交通、医疗等各领域。例如京东和阿里在各自应用程序的首页,会利用算法根据用户的搜索记录推荐相关产品,从而提高商品的购买率。不过随着算法的日益普及,算法所引发的经济、社会问题引起了各方的广泛关注,如推荐算法引起的"信息茧房"问题、定价算法带来的"大数据杀熟"问题等,携程、滴滴、阿里、京东等均被爆出利用相关技术对不同主体采取不同的定价策略。因此,如何减少算法在性别、种族、肤色、宗教、性取向等方面的歧视是数字治理的重点内容？算法到底应该是中立的，还是应该被赋予价值观？这些都将是数字经济未来治理中所要面对的挑战。

数字经济具有的平台化特征对反垄断提出了新的难题。由于平台具有显著的跨边网络效应，即一个平台产品或服务对用户的价值取决于平台另一边用户的规模。以电商平台为例，人们选择电商平台的时候，其价值往往取决于平台可以提供多大规模的商品和商家，只有当商品的种类和商家足够多的时候，这个平台对于消费者来说才是有价值的。由于数字经济存在着诸多细分领域，在跨边网络效应的影响下，数字平台很容易形成"赢家通吃"、"一家独大"的市场格局。事实上，数字平台的出现具有两面性，一方面，它能够降低交易成本、提高资源配置效率，另一方面，它也模糊了政府与市场的边界，对传统的政府与企业关系、政府与市场的关系产生了巨大冲击。因此，如何定位数字平台在经济社会中的角色将是数字经济治理需要思考的难题。

10.1.3 数字经济治理措施

加速数字经济建设。鼓励数字技术的研发和数字应用场景的拓展，加快推进诸如数字网络、通信技术等数字经济基础设施建设，推进新一代信息技术的研发，推动创新和应用的融合，为世界经济发展带来新的发展生机与活力。

促进数字经济交流。数字经济下数字技术的发展，极大地减少了空间、距离以及信息形式对沟通的阻碍。在"万物互联"的大背景下，鼓励以数字化形式进行交流、传承和保护经济、科技、文化成果，相互学习相对成功的发展经验。加强数字化交流，促进人类文明的多样性和繁荣发展，将数字空间建设成为人类共同的家园。

共享数字经济成果。普惠性是数字经济的基本属性，大力发展数字经济，促进数字经济与各产业深度融合，利用数字技术促进产业的升级换代，早日形成联通全球的数字市场，为全球经济持续健康发展提供有力支撑。数字经济发展的成果应当让"地球村"上的人们共享，每个人都有权利享受健康、自由和幸福的权利，让更多国家和人民享受数字经济的便利。

加强数字经济治理。不同的国家对于数字经济有着不同的监管要求，这使得数字经济在不同经济主体中面临着不同的境遇。这种不确定性和多样性提高了数字经济企业的运营成本和运营风险。因此，国际社会应该秉承着互惠共赢的态度，共同推动全球数字经济治理体系的构建。

尊重数字经济主权。国家有义务保护数字信息、网络空间及关键基础设施免受其他国家的威胁、干扰、攻击和破坏，构建安全的数字经济环境，发展安全的数字经济基础设施。各国需要在相互尊重的基础下，加强数字合作，这是一种平等的合作，各国应该以抵制的态度明确反对任何不合理的数字经济活动。合作、尊重是中国与欧美等发达国家解决数字经济发展权争执的最终手段。

10.1.4 数字经济治理的趋势与展望

随着数字经济的进一步发展，全球数字经济治理的话语权博弈将日趋激烈。未来的数字经济治理，不仅有数字经济治理本身的问题，还有处理各国之间微妙关系的问题。各国需要直面数字经济发展带来的一系列风险与挑战，通过优化经济治理方式，在发展与保护中寻求动态平衡。

强化对数字经济的治理成为全球趋势。互联网宽松自由的环境为数字经济的增长创造了巨大空间，但随之而来的风险、冲突、矛盾等一系列问题也使得数字经济发展的不确定性与日俱增，比如，缺乏价值观的算法导致低俗信息泛滥、数据泄漏严重侵犯个人权利、平台垄断挤压中小企业成长空间等问题对数字经济的发展产生了极大的破坏，特别是相关风险从经济社会领域传导至社会领域、政治领域，其产生的负面影响将会进一步扩大，需要引起各国政府的高度重视。例如，2019年，数字经济在经历多年持续高速增长之后，多国在规则制定、调查执法等方面进行了更为严格的限制，就算是数字经济强国美国也一改以往相对包容的姿态，对谷歌、脸书、亚马逊等数字平台频繁地开展反垄断调查，以规范数字经济的发展。欧盟依据《通用数据保护条例》（GDPR）对多个数字化企业实施多起处罚。多国也在不断提升网络信息内容相关立法的监管力度。可以预见，在未来，各国政府将进一步加大对数字经济引发的负外部性问题的治理力度，从而规范数字经济的发展发展。持续深化对数字经济发展规律的认识，积极探索新的规制以便官方可以更好地应对数字经济所提出的治理要求。

治理出发点需基于自身数字经济发展水平。数字经济治理的目标不仅仅只有一个，其具有多元化特征，这些目标之间并非是完全统一的关系，有一些甚至可能会有一定的冲突。如何在多元目标中寻求均衡将是一门考验各国政府治理艺术的功课。数字经济在治理过程中，需要在各个层面进行综合的考量。在个人层面，需要关注消费者权益、隐私保护等内容，在产业层面，需要关注数字经济下数字企业的发展，而在国家层面，则需要考虑如何提高本国综合实力，从而提高数字经济的全球竞争力。不同层面的价值考量可能存在一定的冲突，如个人信息保护与企业通过算法训练获取更多数据之间的矛盾。更严重的是，有些在同一层面也会存在价值冲突，如出于对市场垄断的担心，相关主体提出对相应企业进行处理，以防止垄断对市场效率产生负面影响，但是过于严格的限制可能会打击本国数字经济产业，削弱本国主要平台的全球竞争力，过于宽松的治理措施，又可能会挤压中小企业的成长空间。显然，如何进行选择并没有一个明确的标准答案，但为本国数字经济发展服务是各国在进行数字经济治理时的核心考虑标准。因此，不同国家和地区在制定各自数字经济规则的时候，也是基于本国数字经济发展实际情况和发展阶段所进行的。

数字经济中的协同治理需进一步加强。无论是数据治理、算法治理、数字经济话语权，还是网络生态治理，数字经济治理各个方面的不确定性与复杂性，决定了单靠政府能力或者某一参与主体的力量，难以有效应对诸多挑战。事实上，就数字经济治理本身而言，管理理念从管理到治理的转变，正是强调政府、平台、行业协会、用户个人等多元主体在治理过程中发挥各个主体的能动性，通力进行治理。政府着力于垄断、知识产权保护等数字经济市场失灵问题的处理，从而为数字经济发展提供公平竞争的市场环境，互联网平台，尤其是数字平台应约束自身的不合理行为，并充分发挥算法、数据等优势，贴近用户需求，从而打造出健康的网络空间。行业协会应该发挥自身价值，积极主动构建政府与平台之间的良性沟通渠道，加强行业自律。未来，通过打造权责利清晰、激励公平的协同治理新模式，形成治理合力，将成为数字经济治理的重要途径。

全球数字经济治理规则博弈正在加剧。当前正处于数字世界规则重塑的关键时期，新一代信息技术的快速发展势必对数字世界的运行规则产生重要影响。当前，以便利化、规则透明化、非歧视待遇等为代表的第一代数字贸易规则已经基本成型，而以跨境数据自由流动、数字产品关税、知识产权保护等为核心的第二代数字贸易规则尚处在探索阶段。因此，这些数字经济治理新规则将成为未来各国在数字贸易领域的主要博弈点。目前，世界正处于数字经济治理规则重塑的关键阶段，主要经济体都在积极构建并推广本国的治理模板。在全球数字贸易领域，"美国模板"与"欧盟模板"已经基本成型，美欧通过国际协议、自贸区等一系列经济政治机制，积极扩大自身在数字经济领域的影响力。在数据保护领域，欧盟个人信息制度十分完善，这导致欧盟逐渐成为全球个人信息保护和执法的典范。美国一方面加快本国个人隐私保护进程，一方面通过各种方式推动自身成为跨境数据自由流动规则的主要制定者。未来，各国在数字经济领域的博弈将更频繁地上演，竞争也必将更为激烈。我国作为全球第二大数字经济体，也应该在数字经济关键领域强化规则制定能力，发挥自身的价值。

10.2 数字经济国际规则制定

数字经济制度建设的进度直接影响数字经济的发展水平。无论是以欧美、日本为代表的发达国家，还是以中国、印度为代表的发展中国家，均着力于加强数字经济制度建设，以期在数字经济竞争中获得优势地位。根据本书搜集到的资料，各国对数字经济制度的建设主要集中在跨境数据流动、电子签名与认证、关税、个人信息保护等方面。

10.2.1 跨境数据流动

随着数字化进程的加快，各国都在不断整理和完善相关法律和规则。美国以《管控非秘数据列表（CUI）》为核心，制定较为弹性的以合作协定为主的规则；欧盟以《数字化单一市场战略》为核心，建立起较为单一统一的规则模式；新加坡以《跨境隐私规则（CBPR）》为核心，加入了亚太经合组织主导的跨境隐私规则体系；日本借鉴了欧盟的模式，同时加入《补充规则》；印度以《个人数据保护法草案2018》为核心严格实施本地化路线；俄罗斯则实施较为严格的保护主义。

10.2.2 电子签名与认证

电子签名与认证是国际经贸协定中比较常见的一条规则，最早出现在新加坡和澳大利亚在2003年2月签署的自由贸易协定（Free Trade Agreement）中，随后跨太平洋伙伴协议及中国、美国、日本、韩国等国签署的自由贸易协定中都有相关规定。各自由贸易协定规则内容主要包括以下几点：(1)明确电子签名与认证定义；(2)承认电子签名的法律效力；(3)要求电子交易当事人有权共同决定认证方式并可以针对特定交易类型做出具体约定；(4)促进缔约国之间电子签名和认证的互认；(5)鼓励数字证书在商业领域的应用。需要说明的是，各国之间的自由贸易协定关于

"电子签名与认证"提法不尽相同,其中中国、美国与其他国家的自由贸易协定强调以数字证书代替电子签名,事实上数字证书是电子签名的一种形式,电子签名较数字证书范围更广。

10.2.3 关税

随着数字贸易进入发展的快车道,关于数字贸易中跨境电子商务的关税问题成为各国密切关注的问题。目前对于跨境电子商务是否征收关税主要分为三派:以美国为代表的"免税派",以欧盟为代表的"中立派",以印度为代表的"征税派"。自1996年世界贸易组织首次正式提及电子商务问题,各成员国基于各自的利益在数字贸易关税的立场一直有所不同,世界贸易组织也一直未对此相关问题达成共识。虽然目前世界贸易组织对于跨境电子商务的关税问题还未有正式、永久的决议,但是1998年通过的《全球电子商务宣言》宣布暂时对电子传输的交易不予征收关税。目前各国对于电子传输交易的关税政策都遵守世界贸易组织的规则。

表 10-1 重要国家相关规则比较

国家或组织	立场	立场原因	跨境数字化产品归类	时间	规则
美国	免税派	数字贸易发展水平高,电子商务输出大国	根据关税及贸易总协定,归类为货物贸易	1997	《全球电子商务框架》
				1998	《全球电子商务宣言》
				1998	《互联网免税法案》
				2016	《2015年贸易便利化和贸易执法法案》
欧盟	中立派	各成员国发展差距大,数字贸易相对于发展中国家有一定优势	根据服务贸易总协定,归类为服务贸易	1998	《关于保护增值税收入和促进电子商务发展的报告》
				2000	《电子商务指令》
				2003	《增值税指导》
				2015	《欧盟增值税新规》
				2016	《增值税规范化新法案》

续　表

国家或组织	立场	立场原因	跨境数字化产品归类	时间	规则
印度等发展中国家	征税派	数字贸易发展水平较低，电子商务产品输入国	根据服务贸易总协定，归类为服务贸易	1999	《电子商务税收规定》
经济合作与发展组织	免征关税，可征收增值税	考虑电子商务输入国和输出国双方的利益	属于增值税规则下的服务	1999	《电子商务：税收框架条件》

10.3 数字经济相关法律法规

10.3.1 跨境数据流动

目前，我国数据跨境流动管理制度还在逐步建设和完善中，国家正在通过法律的方式逐步构建个人信息和重要数据的出境管理框架。其中，《网络安全法》作为基础性文件，对我国重要的信息基础设施中所涉及的数据治理问题提出了出境安全评估要求。确立了我国数据出境安全管理框架。此外，由国家网信办主导并颁布了多个有关个人信息流动的管理办法，比如，《个人信息和重要数据出境安全评估办法》（征求意见稿）、《数据安全管理办法（征求意见稿）》《个人信息出境安全评估办法（征求意见稿）》。根据上述规定，社会各行各业也开始在重要部门展开数据跨境管理。例如，中国人民银行明确规定"在中国境内收集的个人金融信息的存储、处理和分析应当在中国境内进行"。《保险公司开业验收指引》要求保险公司业务数据、财务数据等重要数据应存放在中国境内等，都在不同程度上对数据本地化提出了要求。

10.3.2 电子签名与认证

我国电子签名与认证法律和制度的建立相比其他发达国家起步较晚，但随着我国电子商务和电子交易的迅速发展以及经济全球化的趋势，我国于2004年8月首次颁布了《中华人民共和国电子签名法》（以下简称《电子签名法》）重点解决了以下六个方面的问题：(1)确立电子签名的法律效力；(2)明确主管部门；(3)规范电子签名使用中的权力、义务和行为；(4)明确认证程序，并设置市场准入门槛；(5)确立电子签名的安全保障措施；(6)明确电子签名所需要的技术、条件以及"技术中立"原则。

《电子签名法》是我国首部信息化法律，也是管理电子签名、电子合同和电子认证服务的基本法律依据。随后，《电子认证服务管理办法》和《电子认证服务密码管理办法》两个与之配套的管理办法，对我国电子认证服务机构的设立、管理等做出了相关规定。三部法律法规或管理办法从电子认证的市场准入、管理规则以及业务安全保障制度三个方面进行了确立。

10.3.3 关税

目前，我国关税法律法规主要包括：《中华人民共和国海关法》（1987年颁布，并于2017年修订）、《中华人民共和国海关进出口税则》（每年更新）、《中华人民共和国海关关于入境旅客行李物品和个人邮递物品征收进口税办法》（1994年颁布）、《中华人民共和国进出口关税条例》（2003年颁布，2016年修订）。此外，我国也制定了一些具体的规则，用以规范海关总署对跨境电子商务的关税征收行为，比如，《对于跨境贸易电子商务进出境货物、物品有关监管事宜的公告》（2014年颁布）就明确表示需要对跨境电子商务征收关税。2016年财政部、海关总署、国家税务总局先后出台8份文件。在跨境电商关税方面，有4份文件直接针对跨境电子商务零售进口税收，另外四份文件是与行邮渠道和跨境电子商务间接相关。2018年9月财政部、税务总局、商务部、海关总署联合发布《关于跨境电子商务综合试验区零售出口货物税收政策的通知》。2018年11月，财政部、海关总署、税务总局联合发布的《关于完善跨境电子商务零售进口税收政策的通知》，对首次交易额和年度总交易额的限值进行了调整。当前，我国的数字贸易正稳步发展，成为跨境电子商务出口大国，但还不属于出口强国。我国的电子商务关税政策没有像发达国家过于宽松，也不会过于严苛。适合的关税政策帮助我国充分地参与全球贸易竞争，也保护了本国的税收利益。

近几年我国针对跨境电子商务税收陆续出台了法律法规和政策，但是仅限于货物贸易，对于跨境数字产品征收关税却无法可依。因为对产品征税首先要确定产品属性，但是跨境数字产品属于货物还是服务在目前的法律法规中没有明确的规定。目前在与其他国家的自由贸易协定中，我国对于数字产品实行的是世界贸易组织框架下的免征关税政策。

10.4 数字经济时代的伦理道德

数字经济背景下，除了法律制度会对商业行为产生约束，伦理道德也会对数字经济各种业态的发展产生十分重要的影响。伦理道德是人类在日常生活中所形成的各种行为规范，对社会的整体影响是潜移默化的。伦理道德虽然没有强制力，但是其对商贸行为的塑造有着十分重要的意义。数字经济时代背景下的伦理道德可以被划分为数据采集的伦理道德、数据使用时隐私的保护、数据取舍的相关问题、技术边界。

数据采集的伦理道德，即采集数据前，是否要告知相关人员。隐私权保护个人信息在不被允许的情况下不被第三方获得。随着数据被作为一种资产，个人数据作为一种个人信息、个人资产应当受到相应的保护。出于伦理道德和法律规范的要求，越来越多的手机提供数据读取权限设置，用户可以选择是否将个人数据提供给软件开发商。

数据使用时隐私的保护，即数据脱敏处理，数据的使用限制。大数据时代，数据节点的服务商掌握着各种各样的个人数据，如导航软件掌握个人出行记录，手机支付软件掌握个人购买偏好。实际上，服务商可以根据搜集到的信息刻画出一个与实体相对应的"人"。这就要求服务商在使用数据时，必须十分注意，对于重要的个人数据，在存储时需要进行一定的脱敏处理。

数据取舍，即哪些数据是在采集后，一定的时间段后需要被删除，哪些是需要永久保留。理论上，数据可以被永久的储存下来。但是，伦理道德要求企业对某些超过一定年限的数据进行删除操作，以防止企业对数据的应用超过适用范围。

技术边界，即对技术可以做的事情进行约束。比较让人印象深刻的是"阿尔法狗"与围棋高手柯洁之间对决。这是人工智能发展过程中非常重要的一个事情。"阿尔法狗"战胜柯洁让人们意识到，技术如果不加限制，有可能会对人类社会产生十分重要的影响。技术本身并无好坏之分，但是应用却应当受到约束。伦理道德对此提出了要求。

因此，为了有效应对数字经济时代可能发生的伦理道德风险，我们应该对数字经济相关衍生品的使用主体和使用后所带来的社会影响进行伦理价值评估，比如，社会公共利益、社会核心价值观等。此外，当面对数字鸿沟时，应该要考虑到弱势群体。

参考文献

[1] 2017中国大数据产业发展白皮书[R].中国大数据产业生态联盟,2017.

[2] 2018年软件和信息技术服务业统计公报解读[J].中国招标,2019(07):19-20.

[3] 2020粤港澳数字大湾区融合创新发展报告[R].21世纪经济研究院,阿里研究院,2020.

[4] 白京羽,林晓锋,尹政清.基于文献计量的全球生物技术研究现状与发展趋势分析[J].中国生物工程杂志,2020,40(07):100-109.

[5] 陈欢.深化东北农业供给侧结构性改革研究[D].辽宁大学,2019.

[6] 陈锡标.DL公司增长战略制定与实施研究[D].广东工业大学,2019.

[7] 丛鑫.阻碍中国互联网行业发展的四大症结[J].通信世界,2015(24):24.

[8] 单衍菲.智能制造试点企业创新效率及其影响因素研究[D].大连理工大学,2019.

[9] 刁兴玲.香港电讯：培养优秀人才团队 实现端到端数字化转型[J].通信世界,2018(25):18.

[10] 杜庆昊.中国数字经济协同治理研究[D].中共中央党校,2019.

[11] 杜庆昊.中国数字经济协同治理理论框架和实现路径[J].理论视野,2020(01):45-50.

[12] 樊慧玲.数字经济背景下中国制造业集群质量升级的路径选择[J].黔南民族师范学院学报,2019,39(02):88-93.

[13] 耿慧慧,王萍.我国出口跨境电商运作模式分析[J].电子商务,2018(06):17-18.

[14] 郭朝先.疫情对我国电子信息制造业发展的影响及应对[J].统一战线学研究,2020,4(03):76-81.

[15] 郭兆晖.5G时代的工业互联网创新应用[J].互联网经济,2020(07):46-49.

[16] 国际贸易投资新规则与自贸试验区建设团队. 全球数字贸易促进指数报告（2019）[M]. 立信会计出版社, 2019.

[17] 国家工信部. 中国电子信息制造业综合发展指数研究报告 [EB]. https://baijiahao.baidu.com/s?id=1656122677738879752&wfr=spider&for=pc

[18] 国务院发展研究中心"我国数字经济发展与政策研究"课题组, 马名杰, 田杰棠, 戴建军, 杨超, 沈恒超. 我国制造业数字化转型的特点、问题与对策 [J]. 发展研究, 2019(06):9-13.

[19] 何艳芬, 都慧媛. 抓住主要矛盾 促进西部中小企业的快速成长 [J]. 克拉玛依学刊, 2012,2(06):25-28.

[20] 孔张宾. 中国电信行业分析 [J]. 商, 2012, 9:174.

[21] 雷震文. 以平台为中心的大数据交易监管制度构想 [J]. 现代管理科学, 2018(09):19-21.

[22] 李斌, 白树强, 冯路. 互联网环境下跨境数字化产品的海关估价征税问题研究 [J]. 国际贸易, 2016(04):14-17+20.

[23] 李馥伊. 中国制造业及其在数字经济时代的治理与升级 [D]. 对外经济贸易大学, 2018.

[24] 李佳峰, 周清源, 吴斯. 中小企业如何把握数字化转型机遇 [N]. 经济日报, 2020-10-09(011).

[25] 李利, 王陶冶, 张全生. 珠三角地区打造数字经济产业集群的思考 [J]. 广东科技, 2019,28(08):57-59.

[26] 李薇. 拥抱数智化浪潮：不确定中最大的确定 [J]. 中国企业家, 2020(12):17-19.

[27] 李晓钟. 数字经济下中国产业转型升级研究(精)[M]. 浙江大学出版社, 2019.

[28] 李轩, 李珮萍. 数字贸易理论发展研究述评 [J]. 江汉大学学报(社会科学版), 2020,37(05):44-57+125-126.

[29] 李峰.五举措应对全球数字经济发展新趋势[J].中国国情国力,2020(02):12-14.

[30] 丽娜.我国电子信息产业发展历程与发展现状分析[J].电子技术与软件工程,2013(18):263-264.

[31] 梁东.重庆市电子信息产业转型升级影响因素研究[D].西南大学,2017.

[32] 刘宏松,程海烨.跨境数据流动的全球治理——进展、趋势与中国路径[J].国际展望,2020,12(06):65-88+148-149.

[33] 刘朋.跨境电商的运营模式优化研究[D].浙江工业大学,2017.

[34] 刘婉.制造企业数字化转型模式及其适应性能力研究[D].杭州电子科技大学,2019.

[35] 鲁泽霖.数字经济打造现代服务业:盘点和展望[J].产业创新研究,2018(07):38-39.

[36] 吕铁.传统产业数字化转型的主要趋向、挑战及对策[N].经济日报,2020-02-04(012).

[37] 吕铁.传统产业数字化转型的趋向与路径[J].人民论坛·学术前沿,2019(18):13-19.

[38] 吕小刚.加快推进辽宁农业数字化转型思考[N].辽宁日报,2020-08-18(007).制造业数字化转型的难点与对策[N].中国信息化周报,2019-12-30(011).

[39] 马化腾,孟昭莉,闫德利,等.数字经济:中国创新增长新动能[M].中信出版社,2017.

[40] 马清民.突出"四新"驱动引领 再造为农服务新优势[N].中华合作时报,2019-04-02(A06).

[41] 马香品.数字经济时代的居民消费变革:趋势,特征,机理与模式[J].财经科学,2020(1).

[42] 梅冠群.全球数字服务贸易发展现状及趋势展望[J].全球

化,2020(04):62-77+134.

[43] 尼尔森.预见大连接时代的中国消费者未来[R].中国:尼尔森,2018.

[44] 前瞻产业研究院.中国电子信息制造业发展前景预测与投资战略规划分析报告[EB].https://bg.qianzhan.com/report/detail/00c4fe1333884a6e.html

[45] 软件和信息技术服务业发展规划（2016—2020年）[R].工业和信息化部,2016.

[46] 沈恒超.中国制造业数字化转型的特点、问题与对策[J].中国经济报告,2019(05):102-107.

[47] 沈玉良.全球数字贸易规则研究[M].复旦大学出版社,2018.

[48] 数字经济治理白皮书（2019）[R].中国信息通信研究院.2019.

[49] 孙海悦.我国新媒体产业发展呈现五大趋势[J].青年记者,2019(19):46.

[50] 汤潇.数字经济 影响未来的新技术 新模式 新产业[M].人民邮电出版社,2019.

[51] 田培杰.协同治理概念考辨[J].上海大学学报(社会科学版),2014,31(01):124-140.

[52] 王浩,林英华,陆冠锦.聊城市农业现代化水平测度与对策研究[J].天津农业科学,2015,21(03):54-57.

[53] 王化喜.电子认证服务的法律问题研究[D].山东大学,2006.

[54] 王培丽.数字贸易发展对中美贸易摩擦的影响研究[D].北京邮电大学,2018.

[55] 王小兵,康春鹏,董春岩.对"互联网+"现代农业的再认识[J].农业经济问题,2018(10):33-37.

[56] 王小兵,钟永玲,李想,康春鹏,董春岩,梁栋,马晔.数字农业的发展趋势与推进路径[N].经济日报,2020-04-02(011).

[57] 王晓红,谢兰兰.我国数字贸易与软件出口的发展及展望[J].开放导报,2019(05):19-28.

[58] 王一鸣. 推进生活服务业数字化转型 线上服务等新业态有望成为我国服务业转型发展的新动力 [J]. 财经界, 2020(28):13-14.

[59] 王一鸣. 推进生活服务业数字化转型 [J]. 智慧中国, 2020(06):38-39.

[60] 王志军. 我国跨境电子商务中的关税制度研究 [D]. 吉林大学, 2017.

[61] 闻骏. 基于区块链技术的数字货币支付的伦理反思 [J]. 昆明理工大学学报 (社会科学版), 2019,19(06):18-23.

[62] 夏杰长. 数字贸易的缘起、国际经验与发展策略 [J]. 北京工商大学学报 (社会科学版), 2018,33(05):1-10.

[63] 肖建华, 张栌方, 孙玲. 我国虚拟集群治理模式与协同效应研究 : 以服务业为例 [J]. 科技进步与对策, 2016,33(15):44-49.

[64] 肖泽磊, 俞林. 优化产业创新布局，提升制造业发展水平 [N]. 科技日报, 2020-09-11(005).

[65] 信息化成农业农村现代化先导力量——2018年农业农村市场信息工作摘要 [J]. 农产品市场周刊, 2019(01):38-39.

[66] 颜蒙. 数字经济发展新趋势 : 基于地方"十四五"规划建议的解读 [J]. 互联网天地, 2021(02):24-29.

[67] 杨路明, 施礼. 农产品供应链中物流与电商的协同机制 [J]. 中国流通经济, 2019,33(11):40-53.

[68] 应瑛, 邱靓. 勇立数字经济发展潮头 [J]. 浙江经济, 2018(04):22-23.

[69] 张峰. 数字经济时代对数字化消费的辩证思考 [J]. 经济纵横, 411(02):45-54.

[70] 张利庠, 罗千峰, 王艺诺. 乡村产业振兴实施路径研究——以山东益客现代农业产业园为例 [J]. 教学与研究, 2019(01):42-50.

[71] 张顺颐. 对我国电信体制改革与中国电信分切的一些看法 [J]. 南京邮电大学学报 : 社会科学版, 2001, 3(2):1-5.

[72] 张伟东, 鲁泽霖. 数字经济时代服务业发展新态势 [J]. 现代营销 (经营

版),2018(07):34-35.

[73] 张毅夫. 深化互联网、大数据、人工智能与实体经济融合 推动大数据产业高质量发展[J]. 网络安全和信息化,2019(03):4-6.

[74] 赵春华. 我国数字内容产业政策的演变与评估[D]. 山西大学,2018.

[75] 赵春江. 发展智慧农业 建设数字乡村[J]. 山东农机化,2020(05):9-10.

[76] 郑安琪. 新冠肺炎疫情对数字经济消费的影响及对策[J]. 信息通信技术与政策,2020,2:78-82.

[77] 郑奋明. 为什么要坚持走中国特色的新型"四化"道路?[N]. 南方日报,2012-12-13(F02).

[78] 智能计算中心规划建设指南[R]. 国家信息中心,2020.

[79] 中国共享经济发展年度报告(2019)[R]. 国家信息中心,2019.

[80] 中国文化报. 产业互联网:开启数字经济"下半场"[J]. 创意世界,2019, 3:P.6-6.

[81] 中国信息通信研究院. 数字贸易的国际规则[M]. 法律出版社,2019.

[82] 周颖. 国内短视频平台商业模式创新研究[D]. 浙江传媒学院,2019.

[83] 朱琳,袁勇,敖蓉,李华林,周琳. 加速数字化转型 扩大服务业开放[N]. 经济日报,2020-09-08(002).